HOLLYWOOD CLASSICS INDEX

BOOKS 1-16: "A" – "Z"

HOLLYWOOD CLASSICS INDEX BOOKS 1-16: A-Z

John Howard Reid

2006

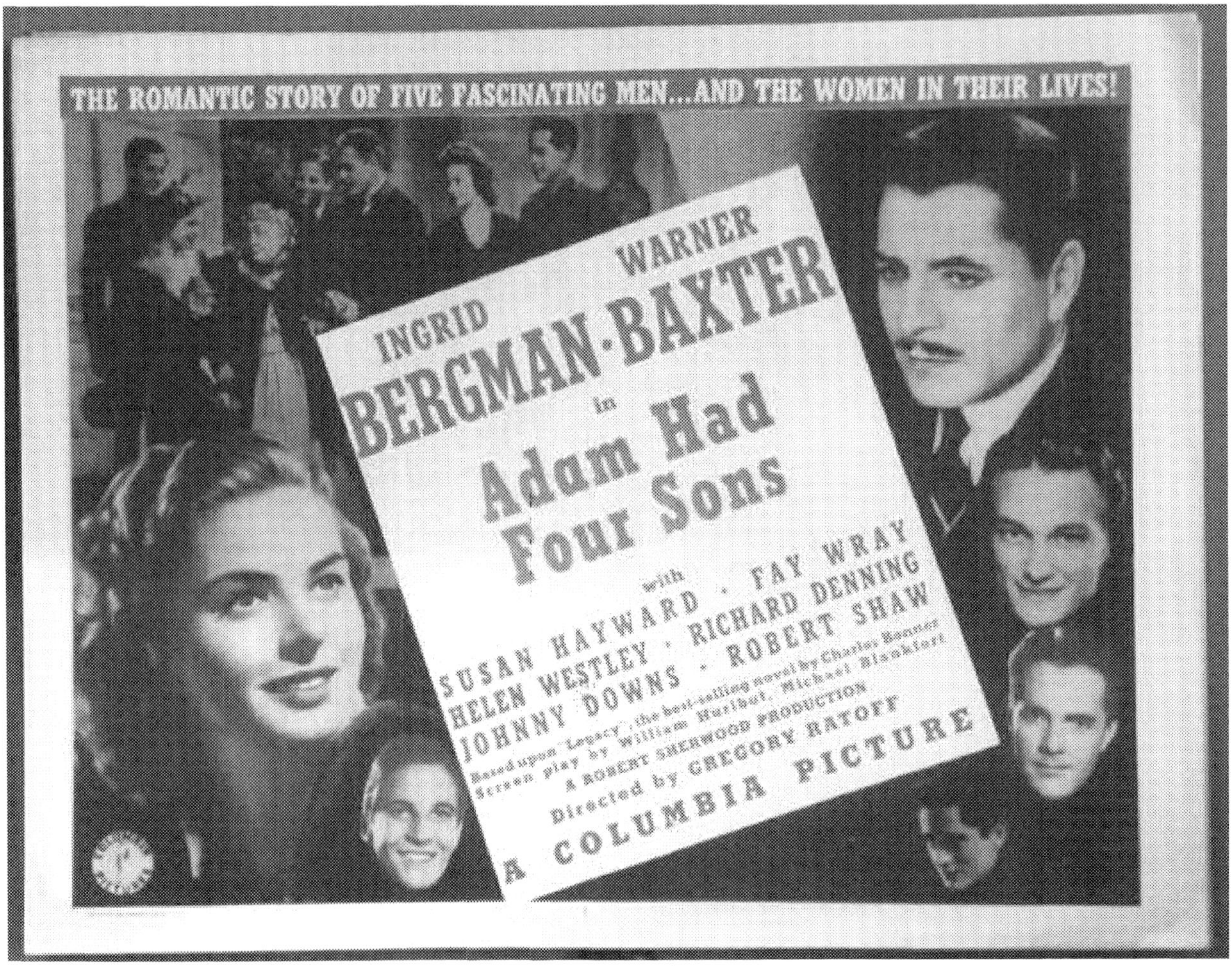
THE ROMANTIC STORY OF FIVE FASCINATING MEN...AND THE WOMEN IN THEIR LIVES!
INGRID
WARNER
BERGMAN·BAXTER
in
Adam Had
Four Sons
with
SUSAN HAYWARD · FAY WRAY
HELEN WESTLEY · RICHARD DENNING
JOHNNY DOWNS · ROBERT SHAW
Based upon "Legacy", the best-selling novel by Charles Bonner
Screen play by William Hurlbut, Michael Blankfort
A ROBERT SHERWOOD PRODUCTION
Directed by GREGORY RATOFF
A COLUMBIA PICTURE

ALOMA
DOROTHY LAMOUR · JON HALL
LYNNE OVERMAN
PHILIP REED
DONA DRAKE

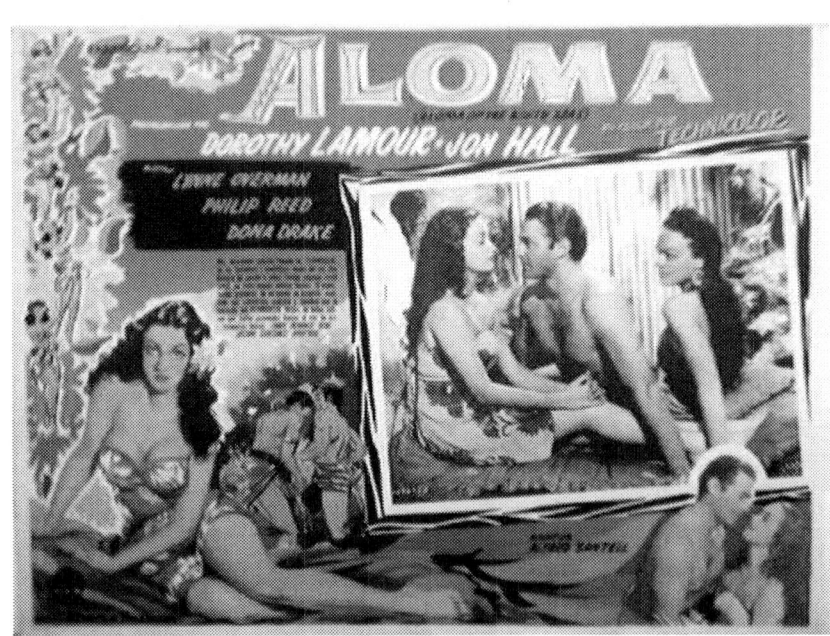

XVIII

XXIX

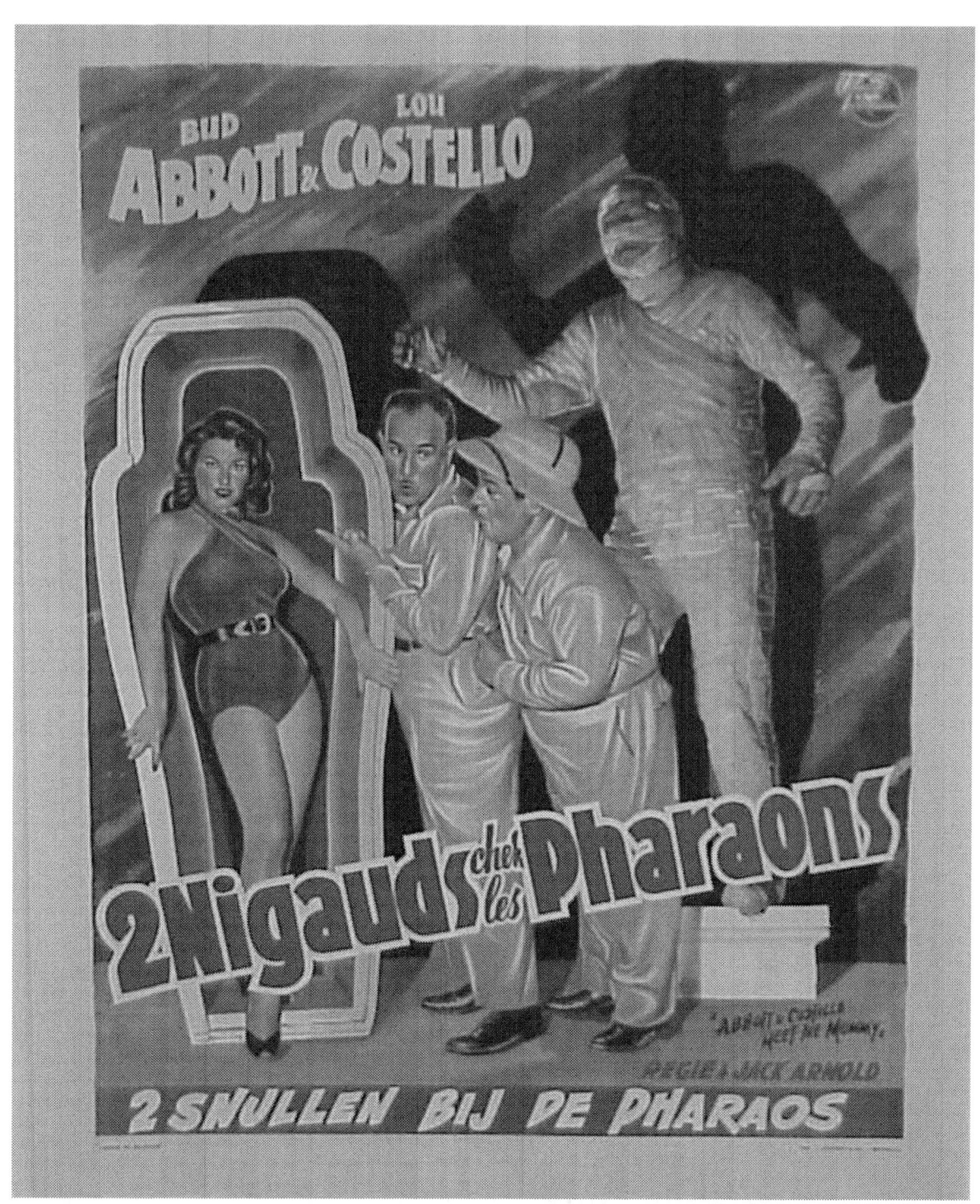

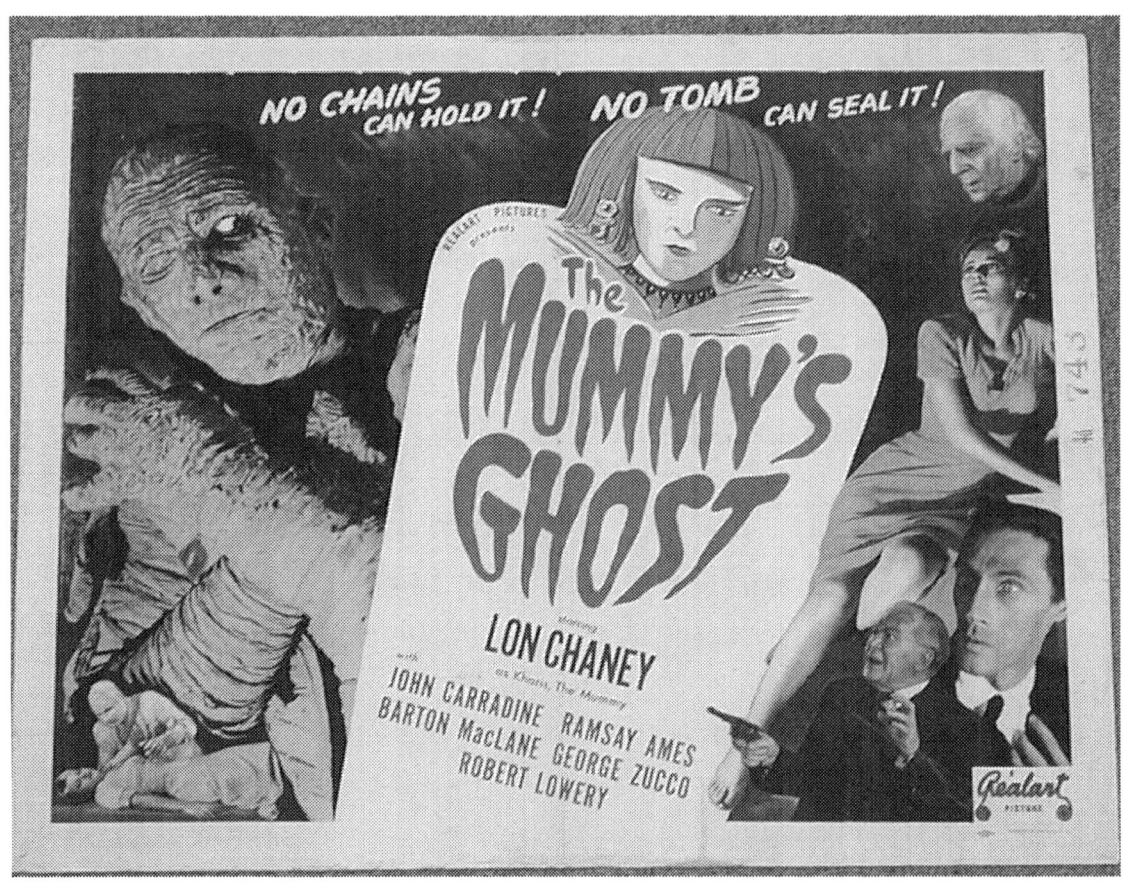

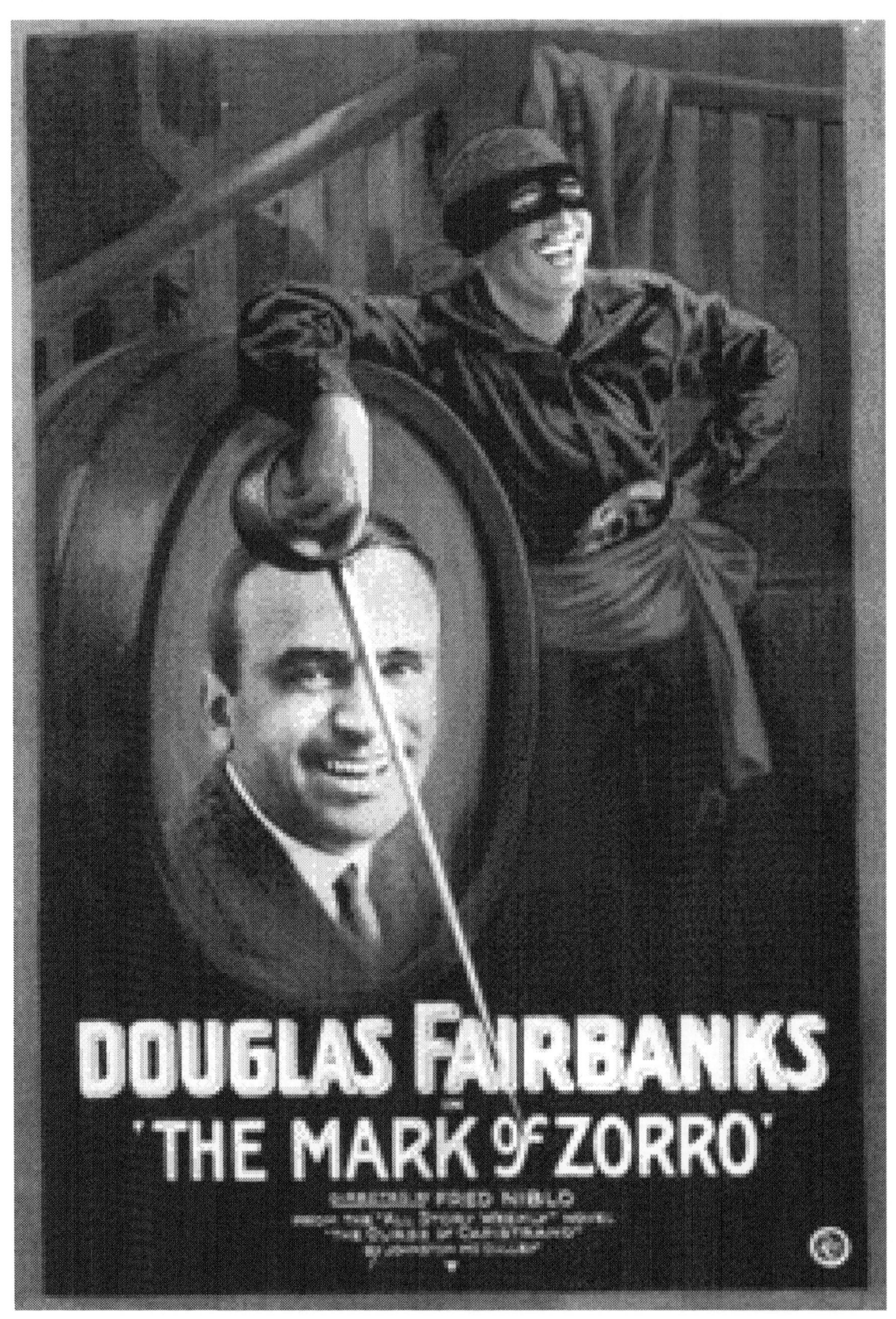

XLIII

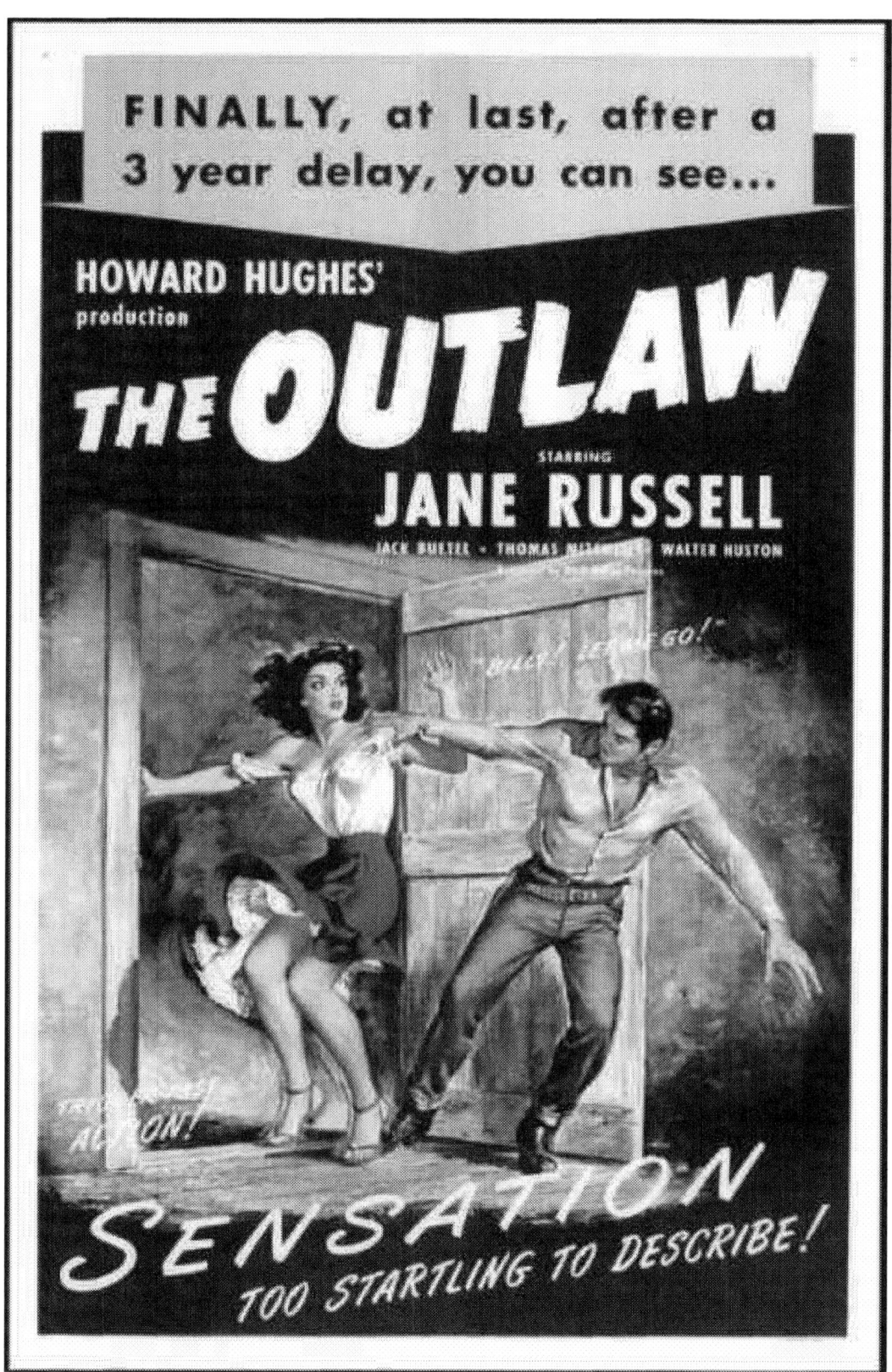

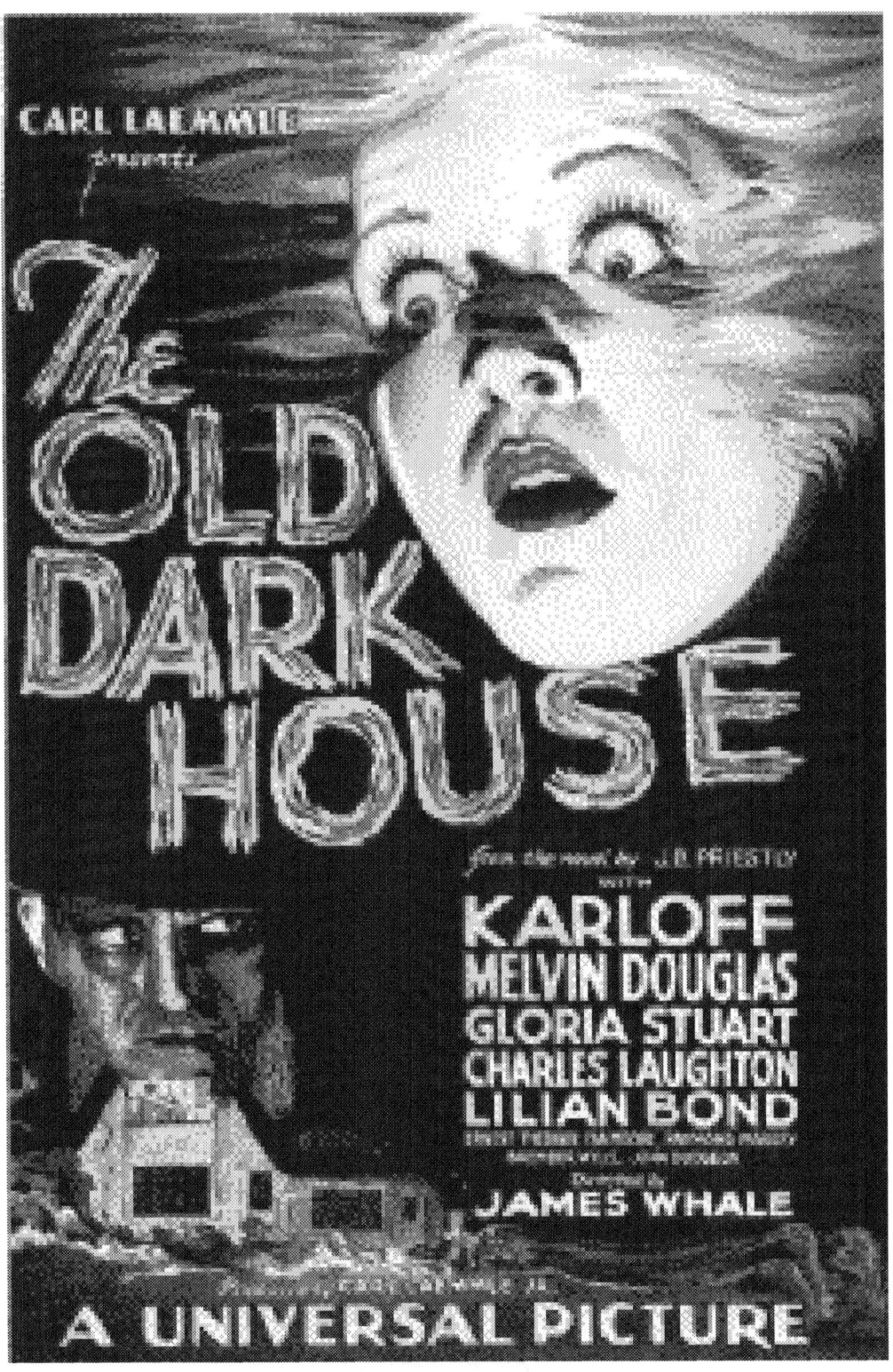

Books in the "Hollywood Classics" series:

1. New Light on Movie Bests
2. "B" Movies, Bad Movies, Good Movies
3. Award-Winning Films of the 1930s
4. Movie Westerns: Hollywood Films the Wild, Wild West
5. Memorable Films of the Forties
6. Popular Pictures of the Hollywood 1940s
7. Your Colossal Main Feature Plus Full Support Program
8. Hollywood's Miracles of Entertainment
9. Hollywood Gold: Films of the Forties and Fifties
10. Hollywood "B" Movies: A Treasury of Spills, Chills & Thrills
11. Movies Magnificent: 150 Must-See Cinema Classics
12. These Movies Won No Hollywood Awards
13. Movie Mystery & Suspense
14. America's Best, Britain's Finest
15. Films Famous, Fanciful, Frolicsome and Fantastic
16. Hollywood Movie Musicals

Index A-L

Hollywood Classics 1-16

Abandoned {Woman} (1949) **13**
Abbott and Costello in the Navy (see In the Navy)
Abbott and Costello Meet Dr Jekyll and Mr Hyde (1953) **2**
Abbott and Costello Meet Frankenstein (1948) **5**
Abbott and Costello Meet the Ghosts (see Abbott and Costello Meet Frankenstein) **5**
Abbott and Costello Meet the Keystone Kops (1955) **15**
Abbott and Costello Meet the Mummy (1955) **2**
Abdul the Damned (1935) **14**
Abe Lincoln in Illinois (1940) **6**
Abilene Town (1946) **10**
Abroad with Two Yanks (1944) **5**
Absolute Quiet (1936) **10**
Accused (1949) **5**
Ace in the Hole (see Big Carnival) **13**
Across the Badlands (1950) **4**
Act of Violence (1948) **8** and **13**
Adam and Evelyn {Evalyn} (1949) **14**
Adam Had Four Sons (1941) **5**
Adam's Rib (1949) **6**
Admiral Was a Lady (1950) **9**
Adventure for Two (see Demi-Paradise) **14**
Adventure of Salvator Rosa (see Avventura di Salvator Rosa) **7**
Adventure in Africa (see Bright Lights)
Adventures of Chico (1937) **4**
Adventures of Ichabod and Mr Toad (1949) **6**
Adventures of Mark Twain (1944) **9**
Adventures of Robin Hood (1938) **3**
Adventures of Salvator Rosa (1939) **7**
Adventures of Sherlock Holmes (1939) **1**
Advise and Consent (1962) **13**
Aerial Antics (see Hog Wild) **7**
Affair in Trinidad (1952) **12**
Affair of the Heart (see Body and Soul) **11**

Affairs of a Rogue (see First Gentleman) **14**
Affairs of Jimmy Valentine (1942) **7**
Affairs of Martha (1942) **5**
Africa Screams (1949) **6**
After the Ball (1957) **16**
After the Thin Man (1936) **1** and **13**
Against All Flags (1952) **8**
Against the Wind (1948) **14**
Air Force (1943) **11**
Alexander's Ragtime Band (1938) **7**
Algiers (1938) **11**
Alias Nick Beal (1949) **15**
Ali Baba and the Forty Thieves (1943) **5**
Alice In Wonderland (1951) **15**
All About Eve (1950) **5**
All Quiet on the Western Front (1930) **3**
All's Fair at the Fair (1938) **7**
All That Money Could Buy (1941) **11**
Aloma of the South Seas (1941) **15**
Along Came Sally (see Aunt Sally) **14**
Alphabet Murders (1965) **8**
Always a Bride (1953) **14**
Amateur Gentleman (1936) **14**
Amazon {Quest} (1949) **2**
Ambassador Bill (1931) **12**
Ambush (1949) **4**
Ambush Trail (1946) **4**
Ambush Valley (1936) **4**
Americana (1939) **4**
American Empire (1942) **4**
American Guerilla in the Philippines (see I Shall Return) **8**
Among the Living (1941) **13**
Amsterdam Affair (1968) **14**
Anchors Aweigh (1945) **6**
And Baby Makes Three (1949) **6**
Androcles and the Lion (1952) **8**
Andy Hardy Gets Spring Fever (1939) **3**
Andy Hardy Meets Debutante (1940) **11**
Andy's Hardy's Double Life (1942) **11**
Andy Hardy's Private Secretary (1941) **11**

Angela (1955) **2**
Angel and the Badman (1946) **4**
Angel Face (1952) **13**
Angel in My Pocket (1969) **8**
Angel on the Amazon (1948) **5**
Angel Street (see Gaslight) **14**
Angel with a Trumpet (1950) **14**
Angry Silence (1960) **14**
Anna and the King of Siam (1946) **11**
Anna Karenina (1935) **1**
Anne of Green Gables (1934) **8**
Annie Get Your Gun (1950) **16**
Another Fine Mess (1930) **1**
Another Thin Man (1939) **1**
Anthony Adverse (1936) **3**
Any Number Can Play (1949) **8**
Any Old Port (1932) **7**
Ape (1940) **2**
Appaloosa (1966) **4**
Appointment in London (1953) **14**
Arabian Nights (1942) **15**
Arena (1953) **7**
Are Parents People (1925) **1**
Arise My Love (1940) **11**
Arizona (1940) **4**
Arizona Bad Man (1935) **4**
Arizona Legion (1939) **4**
Arizona Ranger (1948) **8**
Arizonian (1935) **8**
Arkansas Swing (1948) **16**
Arms and the Woman (see Mr Winkle Goes to War) **9**
Army Mystery (see Criminals Within) **10**
Around the World (1943) **10**
Arrest at Sundown (see Trails of the Wild)
Artie Shaw and His Orchestra (1939) **16**
As Long As They're Happy (1955) **14**
Astonished Heart (1950) **14**
As You Like It (1936) **14**
As Young As You Feel (1951) **10**
At Dawn We Die (see Tomorrow We Live) **14**

Athena (1954) **16**
At Sword's Point (see Sons of the Musketeers) **13**
At War With the Army (1951) **16**
Audioscopiks (1935) **15**
Aunt Sally (1934) **14**
Avengers (1950) **5**
Avventura di Salvator Rosa (see Adventures of Salvator Rosa) **7**
Awful Truth (1937) **3**

Babes in Arms (1939) **3**
Babes in Toyland (see March of the Wooden Soldiers)
Babes on Broadway (1941) **15**
Baby Take a Bow (1934) **3**
Bachelor and the Bobbysoxer (1947) **11**
Bachelor Girls (see Bachelor's Daughters) **9**
Bachelor Knight (see Bachelor and the Bobbysoxer)
Bachelor Mother (1939) **10**
Bachelor's Daughters (1946) **9**
Background (1953) **14**
Bad Girl (1931) **3**
Bad Lands (1939) **12**
Bad Lord Byron (1949) **14**
Bad Men of Arizona (1942) **4**
Bad Sister (see White Unicorn) **9**
Ball of Fire (1941) **7**
Band Wagon (1940) **14**
Band Wagon (1953) **15**
Bank Raiders (1958) **14**
Banner in the Sky (see Third Man on the Mountain) **14**
Barbary Coast (1935) **7**
Barkleys of Broadway (1949) **15**
Barnabé (1938) **7**
Barnacle Bill (1930) **7**
Barricade (1939) **13**
Bataan (1943) **5**
Batman (1943) **13**
Battle of the Sexes (1960) **14**
Battling Hoofer (see Something To Sing About)
Bat Whispers (1930) **1**

Beachcomber (1954) **14**
Beat the Devil (1954) **8**
Beau James (1957) **12**
Beautiful But Dangerous (see She Couldn't Say No) **9**
Beauty and the Boss (1932) **15**
Beauty Jungle (1964) **14**
Because of Him (1946) **16**
Because You're Mine (1952) **16**
Becky Sharp (1935) **7**
Bedazzled (1967) **14**
Bedelia (1946) **14**
Before Dawn (1933) **2**
Before I Wake (1955) **14**
Beggar's Opera (1953) **14**
Behave Yourself (1951) **6**
Behind the Eight Ball (1942) **16**
Belle of New York (1952) **6**
Belle of Old Mexico (1950) **5**
Belle Starr (1941) **5**
Belle Starr's Daughter (1948) **4**
Bells Go Down (1943) **14**
Bells of Rosarita (1945) **6**
Bells of Saint Mary's (1945) **11**
Bells of San Angelo (1947) **4**
Beloved Vagabond (1937) **14**
Be Mine Tonight (see Lied einer Nacht) **7**
Benny Goodman Story (1956) **10**
Berlin Hotel (see Hotel Berlin) **6**
Berserk! (1967) **14**
Best of Enemies (1962) **14**
Best Years of Our Lives (1946) **11**
Betrayed (see When Strangers Marry) **9**
Betrayed (1954) **13**
Betty in Blunderland (1934) **12**
Between Fighting Men (1932) **10**
Between Two Women (1944) **9**
Between Two Worlds (1944) **9**
Bewitched (1945) **9**
Beyond the Blue Horizon (1942) **16**
Beyond the Forest (1949) **9**

Beyond This Place (1959) **14**
B.F.'s Daughter (1948) **9**
Big Broadcast of 1938 (1938) **3**
Big Business Girl (1931) **16**
Big Carnival (1951) **13**
Big Cat (1949) **5**
Big Clock (1948) **1**
Big Country (1958) **4**
Big Guy (1939) **13**
Big Hangover (1950) **9**
Big Heart (see Miracle on 34th Street) **8** and **11**
Big House (1930) **3**
Big Jack (1949) **4** and **9**
Big Leaguer (1953) **10**
Big Noise (1944) **13**
Big Punch (1948) **9**
Big Rainbow (see Underwater!)
Big Shot (1942) **9**
Big Stampede (1932) **4**
Big Time Operators (see Smallest Show On Earth)
Bill and Coo (1948) **6**
Billy the Kid Returns (1938) **4**
Bimbo's Express (1931) **7**
Bird of Paradise (1932) **11**
Bishop's Wife (1947) **11**
Bitter Creek (1954) **4**
Bitter Rice (1948) **12**
Black Aces (1937) **4** and **15**
Black Angel (1946) **13**
Black Bart (1948) **4**
Blackbeard the Pirate (1952) **13**
Black Doll (1938) **13**
Black Dragons (1942) **15**
Black Friday (1940) **13**
Black Hand (1950) **6**
Black Magic [Charlie Chan] (1944) **6**
Black Magic [Orson Welles] (1949) **6**
Blackmail (1939) **13**
Blackmailer (1936) **13**
Black Raven (1943) **15**

Black Rose (1950) **8**
Black Swan (1942) **5**
Blanche Fury (1948) **14**
Blazing Across the Pecos (1948) **4**
Blazing Guns (1935) **10**
Blind Date (1959) **14**
Blind Terror (1971) **14**
Blithe Spirit (1945) **11**
Blockade (1938) **2**
Blockheads (1938) **2**
Blondie (1938) **10**
Blondie Brings Up Baby (1939) **10**
Blondie For Victory (1942) **10**
Blondie Goes Latin (1941) **5**
Blondie Goes to College (1942) **10**
Blondie Has Servant Trouble (1940) **5**
Blondie Hits the Jackpot (1949) **10**
Blondie in Society (1941) **10**
Blondie in the Dough (1947) **10**
Blondie Johnson (1933) **10**
Blondie Knows Best (1946) **10**
Blondie Meets the Boss (1939) **10**
Blondie on a Budget (1940) **5**
Blondie Plays Cupid (1940) **5**
Blondie's Anniversary (1947) **10**
Blondie's Big Deal (1949) **10**
Blondie's Big Moment (1947) **10**
Blondie's Blessed Event (1942) **10**
Blondie's Hero (1950) **10**
Blondie's Holiday (1947) **10**
Blondie's Lucky Day (1946) **10**
Blondie's Reward (1948) **10**
Blondie's Secret (1948) **10**
Blondie Takes a Vacation (1939) **10**
Blood and Sand (1922) **10**
Blood and Sand (1941) **11**
Blood of Heroes (see Salute of the Jugger) **14**
Blood on the Moon (1948) **13**
Blood on the Sun (1945) **11**
Blossoms in the Dust (1941) **11**

Blue Dahlia (1946) **2**
Blue Montana Skies (1939) **4**
Blue Skies (1946) **16**
Blue Veil (1951) **12**
Boat (1921) **15**
Body and Soul (1947) **11**
Body Stealers (1969) **14**
Bohemian Girl (1936) **12**
Bold Caballero (1937) **10**
Bomba and the African Treasure (1952) **13**
Bomba and the Elephant Stampede (1951) **13**
Bomba and the Golden Idol (1954) **13**
Bomba and the Hidden City (1950) **13**
Bomba and the Jungle Girl (1952) **13**
Bomba and the Killer Leopard (1954) **13**
Bomba and the Lion Hunters (1951) **13**
Bomba and the Lord of the Jungle (1955) **13**
Bomba and the Lost Volcano (1949) **13**
Bomba and the Safari Drums (1953) **13**
Bomba on Panther Island (1949) **13**
Bomba the Jungle Boy (1949) **13**
Bombsight Stolen (see Cottage To Let) **14**
Booloo (1938) **13**
Borderland (1937) **4**
Border Law (1931) **2**
Border Patrol (1942) **4** and **5**
Border Romance (1930) **4** and **12**
Border Vengeance (1935) **10**
Born Reckless (1937) **13**
Born To Be Wild (1938) **10**
Born To Dance (1936) **16**
Borrah Minevitch and His Harmonica School (1943) **16**
Boss Cowboy (1934) **10**
Bounty Hunter (1954) **10**
Bowery at Midnight (1942) **7**
Boy, a Girl and a Bike (1949) **12**
Boy from Barnado's (see Lord Jeff)
Boy from Oklahoma (1954) **4**
Boys Town (1938) **3**
Boys Will Be Boys (1935) **14**

Brain Snatcher (see Man Who Changed His Mind) **14**
Brain That Wouldn't Die (1962) **7**
Branded a Coward (1935) **1**
Brand of Fear (1949) **2**
Brandy for the Parson (1952) **14**
Brasher Doubloon (1947) **2**
Breaking Point (1950) **5**
Break of Hearts (1935) **1**
Bribe (1949) **15**
Bride of the Gorilla (1951) **1**
Brides of Fu Manchu (1966) **14**
Bridge of San Luis Rey (1944) **5**
Bridge on the River Kwai (1957) **14**
Bright Eyes (1934) **3**
Bright Leaf (1950) **6**
Bright Lights (1930) **16**
Brighton Rock (1948) **14**
Bright Victory (1951) **1**
Brimstone (1949) **4** and **9**
British Intelligence (1940) **1**
Broadway (1942) **8**
Broadway Melody (1929) **3**
Broadway Melody of 1936 (1935) **3**
Broadway Melody of 1940 (1940) **12**
Broadway Serenade (1939) **16**
Broken Arrow (1950) **7**
Broken Blossoms (1919) **8**
Broken Journey (1948) **14**
Brotherly Love (see Country Dance) **14**
Brother Orchid (1940) **8**
Brothers Karamazov (1948) **8**
Broth of a Boy (1959) **14**
Browning Version (1951) **12**
Buccaneer's Girl (1950) **7**
Buck Privates (1941) **6**
Buck Privates Come Home (1947) **12**
Bugs Bunny Rides Again (1947) **7**
Bulldog Courage (1936) **15**
Bulldog Drummond (1929) **7**
Bulldog Drummond Comes Back (1937) **7**

Bulldog Drummond Escapes (1937) **13**
Bulldog Drummond in Africa (1938) **13**
Bulldog Drummond's Bride (1939) **13**
Bulldog Drummond's Peril (1938) **13**
Bulldog Drummond's Revenge (1937) **13**
Bulldog Drummond's Secret Police (1939) **13**
Bulldog Edition (1936) **10**
Bullet for a Badman (1964) **12**
Bullets or Ballots (1936) **13**
Bum Bandit (1931) **7**
Bunny Lake Is Missing (1965) **14**
Bureau of Missing Persons (1933) **8**
Burn 'Em Up O'Connor (1939) **10**
Burn, Witch, Burn (see Night of the Eagle) **14**
Busses Roar (1942) **12**

Cabin in the Cotton (1932) **4**
Cabin in the Sky (1943) **6**
Caddy (1953) **16**
Cadet Girl (1941) **2**
Café Society (1939) **1**
Cage of Evil (1960) **13**
Cagliostro (see Black Magic 1949)
Calendar Girl (1947) **16**
California (1947) **12**
California in 1878 (see Fighting Thru) **7**
Call a Messenger (1939) **13**
Callaway Went Thataway (1951) **8**
Call of the Canyon (1942) **12**
Call of the Wilderness (see Trailing the Killer)
Canary Row (1950) **12**
Canterville Ghost (1944) **11**
Canyon Pass (see Raton Pass)
Canyon Passage (1946) **4**
Captain Calamity (1936) **2**
Captain from Castile (1947) **5**
Captain Kidd (1945) **6**
Captain Mephisto and the Transformation Machine (see Manhunt of Mystery Island)
Captains Courageous (1937) **3**

Captain's Kid (1936) **7**
Capture (1940) **4**
Caravans West (see Wagon Wheels)
Carbine Williams (1952) **12**
Card (1952) **12**
Cardinal Richelieu (1935) **1**
Career (1939) **12**
Career Girl (1943) **16**
Carefree (1938) **12**
Careful, Soft Shoulder (1942) **5**
Cargo to Capetown (1950) **7**
Caribbean {Gold} (1952) **13**
Caribbean Mystery (1945) **7**
Carnival of Souls (1962) **8**
Car of Dreams (1935) **16**
Carolina (1934) **4**
Carrie (1952) **12**
Carson City Kid (1940) **8**
Casablanca (1942) **5**
Case of the Howling Dog (1934) **2**
Case of the Missing Blonde (see Lady in the Morgue)
Cash and Carry (see Ringside Maisie)
Casino de Paree (see Go Into Your Dance)
Castle of Evil (1966) **7**
Castle on the Hudson (1940) **8**
Cat and the Canary (1927) **12**
Cat and the Canary (1939) **5**
Cat People (1942) **1**
Cattle Town (1952) **12**
Caught (1949) **5**
Caught by Television (see Trapped by Television)
Cavalcade (1933) **3**
Cavalcade d'Amour (1939) **7**
Cave Man (1934) **7**
Centennial Summer (1946) **5**
Chad Hanna (1940) **15**
Challenge (see Across the Badlands)
Challenge of the Range (1949) **4**
Champ (1931) **3**
Champagne Charlie (1944) **16**

Chance of a Lifetime (1950) **14**
Chandu on the Magic Island (see Return of Chandu)
Change of Heart (1934) **3**
Channel Crossing (1934) **12**
Chanson d'une Nuit (1932) **7**
Charge of the Light Brigade (1936) **3**
Charley's (Big-Hearted) Aunt (1940) **12**
Charlie Chan at the Olympics (1937) **8**
Charlie Chan and the Sky Dragon (see Sky Dragon)
Charlie Chan at the Wax Museum (1940) **5**
Charlie Chan at Treasure Island (1939) **2**
Charlie Chan in Black Magic (see Black Magic)
Charlie Chan in Shanghai (1935) **10**
Chase (1946) **9**
Cheat (see Lone Hand Texan)
Check and Double Check (1930) **16**
Cheyenne Tornado (1935) **10**
Chicago Confidential (1957) **13**
Chicago Deadline (1949) **9**
Chick Carter, Detective (1946) **13**
Chicken Feed (1940) **7**
China (1943) **13**
China Clipper (1936) **13**
China Girl (1942) **8**
China Seas (1935) **1**
China Sky (1945) **9**
Chu-Chin-Chow (1934) **14**
Cimarron (1930) **3**
Cinderella Meets Fella (1938) **12**
Circle (see Strictly Unconventional)
Circle (see Vicious Circle) **14**
Circus (1927) **3**
Circus of Horrors (1960) **14**
Citadel (1938) **1**
Citizen Kane (1941) **11**
City after Midnight (see That Woman Opposite) **14**
City Beneath the Sea (1953) **1**
City under the Sea (1965) **14**
Clairvoyant (see Evil Mind)
Claw Monsters (see Panther Girl of the Congo)

Cleopatra (1934) **3**
Clock Watcher (1934) **7**
Close To My Heart (1951) **12**
Clown Must Laugh (see Pagliacci) **14**
Clutching Hand (1936) **13**
Cobra Woman (1944) **5**
Code of the West (1947) **4** and **9**
Colorado Pioneers (1945) **12**
Colorado Sunset (1939) **4**
Colorado Trail (1938) **4**
Colt Comrades (1943) **5**
Come and Get It (1936) **3**
Come to the Stable (1949) **5**
Company She Keeps (1950) **7**
Comrade X (1940) **5**
Condemned To Live (1935) **10**
Coney Island (1943) **6**
Confidential Agent (1945) **13**
Conflict (1945) **5**
Conspiracy of Hearts (1960) **14**
Conspirators (1944) **8**
Copacabana (1947) **6**
Copper Canyon (1950) **5**
Coquette (1929) **3**
Corpse in the Morgue (see Lady in the Morgue)
Corpse Vanishes (1942) **7**
Corridors of Blood (1958) **14**
Corsican Brothers (1941) **5**
Cottage To Let (1941) **10** and **14**
Counterfeit Plan (1957) **14**
Counterfeit Traitor (1962) **8**
Country Dance (1970) **14**
Country Doctor (1936) **8**
Courtship of Andy Hardy (1942) **11**
Cover Girl (1944) **8** and **11**
Cowboy and the Lady (1938) **3**
Cowboy and the Senorita (1944) **15**
Crackerjack (1938) **14**
Cracksman (1963) **14**
Crash Dive (1943) **6**

Crash of Silence (see Mandy) **14**
Creatures of the Jungle (see White Orchid)
Crest of the Wave (see Seagulls Over Sorrento)
Crime Doctor's Diary (1949) **5**
Crime of Dr Crespi (1935) **10**
Crime in the Clouds (see Fly-Away Baby)
Criminals Within (1941) **10**
Crisis (1950) **13**
Crooked Circle (1932) **2**
Crossfire (1947) **1**
Cross My Heart (1946) **7**
Crossroads (1942) **9**
Cry Wolf (1947) **6**
Curse of the Allenbys (see She Wolf of London)
Curse of the Cat People (1944) **8**

Daisy Kenyon (1947) **9**
Dallas (1950) **5**
Daltons' Women (1950) **10**
Damsel in Distress (1937) **3**
Dance, Fools, Dance (1931) **11**
Dancing Lady (1933) **12**
Dangerous (1935) **3**
Dangerous Cargo (1954) **2**
Dangerous Corner (1934) **2**
Danger Rides the Range (see Three Texas Steers)
Danger Trails (1935) **2**
Daniella by Night (see Zart Haute in Schwarzer Seide)
Daredevils of the Red Circle (1939) **12** and **13**
Dark Alibi (1946) **5**
Dark Angel (1935) **3**
Dark Command (1940) **5**
Dark Eyes of London (1939) **7**
Dark Eyes of London (1961) **1**
Dark Hazard (1934) **10**
Dark Hour (1936) **10**
Dark Waters (1944) **5**
Darling, How Could You (1951) **6**
Date with Judy (1948) **5**
Date with the Falcon (1941) **2**

Dawn Express (1942) **10**
Dawn Patrol (1930) **3**
Dawn Trail (1930) **10**
Day To Remember (1953) **14**
Dead Eyes of London (see Dark Eyes of London) **7**
Deadline Alley (see Headline Hunters)
Deadly Rays from Mars (see Flash Gordon Conquers the Universe)
Dead Man's Trail (1952) **4**
Dead Men Tell (1941) **5**
Dead Reckoning (1947) **2**
Death from a Distance (1935) **7**
Death in the Air {Sky} (see Pilot X)
Death on the Diamond (1934) **10**
Deception (1946) **6**
Delayed Action (1954) **14**
Demi-Paradise (1943) **14**
Dentist in the Chair (1960) **14**
Dentist on the Job (1961) **14**
Deputy Marshal (1949) **4** and **9**
Desert Fury (1947) **6**
Desert Pursuit (1953) **4**
Desert Trail (1935) **10**
Desire (1936) **8**
Desperado (1954) **4**
Desperate Cargo (1941) **15**
Desperate Search (1952) **13**
Destination Murder (1950) **10**
Destination Tokyo (1943) **6**
Destry (1954) **12**
Destry Rides Again (1939) **4**
Detective (see Father Brown, Detective)
Detective Story (1951) **12**
Devil Bat (1941) **7**
Diamond City (1949) **14**
Diamonds and Crime (see Hi Diddle Diddle)
Dick Tracy (1937) **10**
Dimples (1936) **11**
Dinner At Eight (1933) **11**
Diplomaniacs (1933) **12**
Dirty Work (1935) **14**

Disraeli (1929) **3**
Distant Drums (1951) **8**
Divine Lady (1929) **3**
Divorcee (1930) **3**
Dixiana (1930) **11**
Dixie (1943) **16**
Dixie Dugan (1942) **5**
Dizzy Dishes (1930) **7**
Doctor At Sea (1955) **12**
Doctor Broadway (1942) **11**
Doctor Cyclops (1940) **12**
Doctor Jekyll and Mr Hyde (1920) **2**
Doctor Jekyll and Mr Hyde (1931) **3**
Doctor Jekyll and Mr Hyde (1941) **3**
Doctor from Seven Dials (see Corridors of Blood)
Doctor In Love (1960) **14**
Doctor Kildare Comes Home (1940) **1**
Dr Maniac (see Man Who Changed His Mind)
Dodsworth (1936) **3**
Donald Gets Drafted (1942) **12**
Don Juan (1926) **8**
Don't Turn 'Em Loose (1936) **13**
Doomed To Die (1940) **15**
Double Bunk (1961) **14**
Double Life (1947) **11**
Doughgirls (1944) **10**
Dove (1927) **3**
Down Argentine Way (1940) **16**
Downhill (1927) **12**
Down On the Farm (see On Our Selection)
Down Went McGinty (see Great McGinty)
Dragon Murder Case (1934) **2**
Dragonwyck (1946) **5**
Dreamboat (1952) **12**
Dressed To Kill (1941) **5**
Dressed to Kill (1946) **10**
Drums Across the River (1954) **15**
Drums Along the Amazon (see Angel on the Amazon)
Drum Taps (1933) **15**
Du Barry Was a Lady (1943) **16**

Duchess of Idaho (1950) **16**
Duck Soup (1933) **1**
Dude Goes West (1948) **6**
Duel At Silver Creek (1952) **4**
Duffy's Tavern (1945) **16**
Dumb Bell of the Yukon (1946) **4**
Dumbo (1941) **6**

Eagle (1925) **8**
Eagle and the Hawk (1950) **5**
Easiest Way (1931) **15**
Easter Parade (1948) **5**
East of the River (1940) **10**
East Side, West Side (1949) **15**
Easy Living (1949) **10** and **15**
Edge of Divorce (see Background)
Egg and I (1947) **5**
Elephant Boy (1937) **14**
Elephant Walk (1954) **15**
Elopement (1951) **15**
Emergency Landing (1941) **10**
Emperor's Candlesticks (1937) **13**
Enchanted Cottage (1945) **8**
Enchanted Square (1947) **7**
Enemy Agent (see British Intelligence)
Enemy Agent (1940) **5**
Escape (1948) **11**
Eskimo (1933) **3**
Eve of Saint Mark (1944) **15**
Ever Since Eve (1944) **15**
Everything Happens At Night (1939) **13** and **16**
Every Woman's Man (see Prizefighter and the Lady)
Evil Mind (1935) **15**
Evil under the Sun (1982) **14**
Excuse My Dust (1951) **16**
Extraordinary Seaman (1968) **13**
Eyes in the Night (1942) **7**

Fabiola (1949) **15**
Face of Fu Manchu (1965) **14**

Fair Co-Ed (1927) **3**
Faithless (1932) **15**
the Falcon and the Co-Eds (1943) **5**
the Falcon in Danger (1943) **2**
the Falcon in Mexico (1944) **5**
Falcon Out West (1944) **12**
the Falcon's Brother (1942) **5**
the Falcon Strikes Back (1943) **2**
the Falcon Takes Over (1942) **5**
Fallen Angel (1945) **12**
Family Affair (1937) **3**
Family Honeymoon (1948) **15**
Fanny Hawthorne (see Hindle Wakes)
Fantasia (1940) **6**
Far Country (1954) **15**
Farewell to Arms (1932) **3**
Far Horizons (1955) **2**
Farmer's Daughter (1947) **11**
Fast and Furious (1939) **2**
Fatal Hour (1940) **15**
Father Brown {Detective} (1954) **14**
Father Is a Prince (1940) **6**
Father Was a Fullback (1949) **5**
Feathered Serpent (1948) **5**
Ferdinand the Bull (1938) **15**
Ferry to Hong Kong (1959) **14**
Feudin', Fussin' and A-Fightin' (1948) **10**
Feud of the Trail (1937) **10**
Fiddlers Three (1944) **15**
Fifteen Maiden Lane (1936) **11**
Fifth Chair (1945) **15**
Fifth Column Mouse (1943) **15**
Fifty Roads to Town (1937) **15**
52nd Street (1937) **15**
Fighting Champ (1932) **10**
Fighting Devil Dogs (1938) **12**
Fighting Father Dunne (1948) **5**
Fighting Frontiersman (1946) **1**
Fighting Hero (1934) **7**
Fighting Lawman (1953) **12**

Fighting O'Flynn (1948) **12**
Fighting Sullivans (see Sullivans)
Fighting Texans (1933) **10**
Fighting Thru (1930) **7**
Fighting Westerner (see Rocky Mountains Mystery)
Fighting Wildcats (see West of Suez)
Fightin' Ranch (see Fighting Thru)
Find the Blackmailer (1943) **11**
Finishing Touch (1928) **7**
Firefly (1937) **16**
Fire Over England (1937) **12**
Fire Raisers (1933) **14**
First a Girl (1935) **14**
First Comes Courage (1943) **15**
First Gentleman (1949) **14**
First Love (1939) **15**
Five Came Back (1939) **4** and **12**
Five Fingers (1952) **15**
Five Graves to Cairo (1943) **11**
5,000 Fingers of Dr T (1953) **15**
Flame (1947)
Flame and the Arrow (1950) **15**
Flamingo Road (1949) **12**
Flash Gordon and the Deadly Rays from Mars (see Flash Gordon Conquers the Universe)
Flash Gordon Conquers the Universe (1940) **8**
Flesh and Blood (1951) **14**
Flight Commander (see Dawn Patrol)
Flight to Tangier (1953) **10**
Flirtation Walk (1934) **15**
Flirting with Danger (1934) **15**
Floods of Fear (1958) **14**
Floodtide (1949) **14**
Florentine Dagger (1935) **2**
Flowing Gold (1940) **5**
Fly-Away Baby (1937) **7**
Fly Away Peter (1948) **14**
Flying Blind (1941) **10**
Flying Deuces (1939) **6**
Flying Doctor (1936) **15**

Flying Down To Rio (1933) **16**
Flying Squad (1940) **15**
Fog Island (1945) **10**
Fog Over Frisco (1934) **15**
Folies Bergere (1935) **3**
Follow That Man (1961) **15**
Follow the Boys (1944) **16**
Follow the Fleet (1936) **16**
Footlight Parade (1933) **12**
Footlight Serenade (1942) **16**
Footsteps in the Dark (1941) **12**
Forbidden Cargo (1954) **10**
Foreign Affair (1948) **15**
Forestalled (see Two-Fisted Rangers)
Forever Amber (1947) **5**
Forever and a Day (1943) **11**
Forever Female (1953) **15**
For Me and My Gal (1942) **15**
Forsaking All Others (1934) **1**
Forsyte Saga (see That Forsyte Woman)
Fort Algiers (1953) **15**
Fort Worth (1951) **10**
49th Parallel (see Invaders)
For Whom the Bell Tolls (1943) **11**
Fountain (1934) **15**
Four Just Men (1939) **14**
Four's a Crowd (1938) **12** and **15**
Fox and the Rabbit (1935) **15**
Foxes of Harrow (1947) **15**
Foxfire (1955) **15**
Foxhole in Cairo (1960) **14**
Free Soul (1931) **3**
Frenchman's Creek (1944) **11**
French Without Tears (1940) **15**
Frogmen (1951) **15**
From Headquarters (1933) **2**
Frontier Horizon (see New Frontier)
Frontier Marshal (1939) **4** and **15**
Frontiersman {Frontiersmen} (1938) **4** and **15**
Front Page (1931) **15**

Fugitive (see Night of the Fire)
Fugitive (1947) **15**
Fuller Brush Man (1948) **15**
Fun in Acapulco (1963) **15**
Funny Face (1957) **16**
Funny Girl (1968) **16**
Fury at Furnace Creek (1948) **4** and **9**
Fury at Sea (see This Woman Is Mine)

Galloping Romeo (1933) **7**
Garden of Allah (1936) **3**
Gaslight (1940) **14**
Gaslight (1944) **11**
Gay Divorcee (1934) **3**
Gay Falcon (1941) **5**
Gay Sisters (1942) **6**
General (1926) **1**
Gentleman Jim (1942) **14**
Gentleman Misbehaves (1946) **9**
Gentleman's Agreement (1947) **5**
Gentlemen Marry Brunettes (1955) **15**
George Hall and His Orchestra (1937) **16**
George Washington Slept Here (1942) **11**
Get On With It (see Dentist on the Job)
Ghost and Mrs Muir (1947) **11** and **14**
Ghost Breakers (1940) **5**
Ghost Camera (1933) **7**
Ghost of Frankenstein (1942) **9**
Ghost of Zorro (1959) **10**
Ghosts on the Loose (see Spooks Run Wild)
Ghost Valley (1932) **10**
Ghoul (1933) **14**
Gilda (1946) **1**
Gilded Cage (1955) **14**
Gildersleeve's Ghost (1944) **12**
Girl from 10th Avenue (1935) **10**
Girl in Every Port (1928) **15**
Girl in Every Port (1953) **15**
Girl in Overalls (see Swing Shift Maisie)
Girl in Pawn (see Little Miss Marker)

Girl in the Headlines (1963) **14**
Girl of the Golden West (1938) **8**
Girl on the Pier (1953) **14**
Girl Was Young (see Young and Innocent)
Give and Take (see Singin' in the Corn)
Give Me Your Heart (see Sweet Aloes)
Glass Bottom Boat (see Spy in Lace Panties)
Glass Key (1942) **5**
Glass Menagerie (1950) **12**
Glen Gray and the Casa Loma Orchestra (1942) **15**
Glorifying the American Girl (1929) **16**
God's Country and the Woman (1936) **10**
Godzilla, King of the Monsters (1956) **10**
Going My Way (1944) **11**
Go Into Your Dance (1935) **16**
Gold Diggers of 1933 (1933) **16**
Gold Diggers of 1935 (1935) **3**
Gold Diggers of 1937 (1936) **16**
Golden Ivory (1954) **15**
Goldilocks and the Three Bears (1939) **16**
Goldwyn Follies (1938) **3**
Gone With The Wind (1939) **3**
Goodbye Mr Chips (1939) **3**
Good Earth (1937) **3**
Good Fairy (1935) **8**
Golden Lady (see Fighting Frontiersman) **1**
Gordon of Ghost City (1933) **2**
Gorgeous Hussy (1936) **11**
Government Agents vs Phantom Legion (1951) **13**
Grand Canyon (1949) **4**
Grande Illusion (1937) **12**
Grand Hotel (1932) **3**
Grapes of Wrath (1940) **11**
Great Barrier (1937) **4**
Great Gabbo (1930) **11**
Great Gildersleeve (1942) **12**
Great Lie (1941) **11**
Great Man Votes (1939) **12**
Great McGinty (1940) **11**
Great Schnozzle (see Palooka)

Great Stagecoach Robbery (1945) **12**
Great Waltz (1938) **7**
Great Ziegfeld (1936) **7**
Green Archer (1940) **2**
Green Eyes (1934) **10**
Green Grass of Wyoming (1948) **6**
Green Pastures (1936) **15**
Guest Wife (1945) **2**
Gulliver's Travels (1939) **15**
Gunfighter (1950) **5**
Gunga Din (1939) **12**
Gun Moll (see Jigsaw)
Guns of the Timberland (1960) **4**

Hair-Trigger Casey (1936) **10**
Halfway House (1943) **15**
Hallo, Janine (1939) **7**
Happy Go Lovely (1951) **14**
Happy Is the Bride (1958) **14**
Hardys Ride High (1939) **3**
Harvey Girls (1945) **11**
Has Anybody Seen My Gal (1952) **12**
Hasty Heart (1949) **5**
Haunted Gold (1933) **4**
Headless Horseman (1922) **15**
Headline Hunters (1955) **7**
Heartbeat (1946) **15**
Heart of the Rockies (1937) **10**
Heat Wave (see House Across the Lake)
Heavenly Body (1944) **9**
Heaven Only Knows (1947) **4**
Hector's Hectic Life (1948) **7**
He Found a Star (1941) **15**
Heiress (1949) **5**
Heldorado (1946) **8**
Hell Below (1933) **15**
Hell Below Zero (1953) **15**
Hello, Frisco, Hello (1943) **11**
Henpecked (see Blondie In Society)
Henry V (1945) **11**

Hep Cat Symphony (1948) **7**
He Ran All the Way (1951) **6**
Her Cardboard Lover (1942) **8**
Here Comes Mr Jordan (1941) **11**
Here Comes the Groom (1951) **8**
He's a Cockeyed Wonder (1950) **6**
Heure pres de Toi (1932) **16**
He Walked By Night (1948) **5**
Hidden Enemy (1940) **7**
Hidden Eye (1945) **15**
Hidden Secret (see Yank in Indo-China)
Hi Diddle Diddle (1943) **16**
High Fury (see White Cradle Inn)
High Noon (1952) **7**
High Voltage (1929) **15**
High Wall (1947) **13**
Hindle Wakes (1927) **12**
Hips Hips Hooray (1934) **1** and **16**
Hired Wife (1940) **5**
His Brother's Ghost (1945) **2**
His Butler's Sister (1943) **8**
His Kind of Woman (1951) **13**
His Private Secretary (1933) **7**
History Is Made At Night (1937) **8**
Hitler's Children (1943) **6**
Hitler's Women (see Women in Bondage)
Hit the Ice (1943) **8**
Hit the Road (1941) **13**
Hit the Saddle (1937) **15**
Hitting the Jackpot (see Blondie Hits the Jackpot)
Hoagy Carmichael (1939) **7**
Hobson's Choice (1954) **14**
Hog Wild (1930) **7**
Hold Back the Dawn (1941) **1**
Hold That Co-Ed {Girl} (1938) **1**
Hold That Ghost (1941) **5**
Hold That Kiss (1938) **3**
Holiday Affair (1949) **6**
Holiday For Sinners (1952) **12**
Holiday Inn (1942) **11**

Hollywood Cavalcade (1939) **6**
Holt of the Secret Service (1941) **13**
Homecoming (1948) **6**
Home In Indiana (1944) **5**
Home Is the Hero (1960) **14**
Hondo (1953) **8**
Honeymoon Lodge (1943) **9**
Hoppy Serves a Writ (1942) **5**
Hostages (1943) **5**
Hotel Berlin (1945) **6**
Hotel Sahara (1951) **12**
Hot Millions (1968) **14**
Hounded (see Johnny Allegro)
Hour of Glory (see Small Back Room)
Hour of 13 (1952) **12**
House Across the Bay (1940) **5**
House Across the Lake (1953) **14**
House Across the Street (1949) **15**
Housemaster (1938) **14**
House of Fear (1944) **5**
House of Horrors (1946) **5**
House of Mystery (1934) **2**
House of Strangers (1949) **13**
House of the Seven Hawks (1959) **13**
House on 92nd Street (1945) **11**
Housewife (1934) **10**
Howards of Virginia (1940) **6**
How Green Is My Spinach (1950) **2**
How Green Was My Valley (1941) **6**
Human Comedy (1943) **11**
Human Monster (see Dark Eyes of London)
Humoresque (1946) **9**
Humpty Dumpty (1935) **7**
Hunted (1947) **5**
Hurricane (1937) **3**

Ibanez' Torrent (see Torrent)
I Can't Escape (1934) **10**
Iceland (1942) **12**
Ichabod and Mr Toad (see Adventures of Ichabod and Mr Toad)

I Cover the War (1937) **2**
I Cover the Waterfront (1933) **2**
Idaho Kid (1936) **10**
I Found Stella Parish (1935) **1**
I Hate Your Guts (see Intruder)
I Killed That Man (1941) **10**
I Like Your Nerve (1931) **7**
I'll Be Yours (1947) **8**
I'll Name the Murderer (1936) **10**
I'll Sell My life (1941) **9**
I Love Melvin (1953) **16**
I Married a Nazi (see Man I Married)
I'm No Angel (1933) **7** and **16**
Impersonator (1961) **14**
Indian Paint (1965) **4**
Indiscreet (1931) **7**
Informer (1935) **3**
In Name Only (1939) **12**
In Old Arizona (1929) **3** and **15**
In Old Caliente (1939) **16**
In Old California (1942) **4** and **9**
In Old Chicago (1938) **3**
In Old Monterey (1939) **4**
In Old Santa Fe (1934) **10**
In Society (1944) **8**
Interference (see Easy Living)
International Crime (1938) **1**
International Lady (1941) **6**
International Squadron (1941) **12**
In the Meantime, Darling (1944) **5**
In the Navy (1941) **16**
Intruder (1953) **14**
Invasion of the Body Stealers (see Body Stealers)
Invaders (1941) **11**
Invisible Ghost (1941) **7**
Invisible Man (1933) **8**
Invitation (1952) **12**
Invitation to the Dance (1957) **16**
In Which We Serve (1942) **6**
I Remember Mama (1948) **1**

Irish and Proud of It (see King Kelly of the USA)
Iron Horse (1924) **15**
I Shall Return (1950) **8**
Island in the Sky (1953) **13**
Isle of Forgotten Sins (see Monsoon)
Isle of Fury (1936) **13**
It (1927) **14**
It Always Rains on Sunday (1947) **13**
It Couldn't Have Happened (1936) **10**
It Happened One Night (1934) **3**
ITMA (1943) **8**
It's a Great Day (1956) **14**
It's a Great Feeling (1949) **16**
It's a Wonderful Life (1947) **6**
It Should Happen To You (1954) **8**
It Shouldn't Happen to a Dog (1946) **15**
It's in the Bag (see Fifth Chair)
It's Magic (see Romance on the High Seas)
It's Never Too Late To Mend (see Never Too Late)
It's That Man Again (see ITMA)
It's Turned Out Nice Again (see Turned Out Nice Again)
Ivory-Handled Gun (1935) **7**
Ivory Hunter (see Where No Vultures Fly)
I Walk Alone (1947) **1**
I Want a Divorce (1940) **6**
I Wanted Wings (1941) **11**
I Want You (1951) **12**
I Was a Communist for the F.B.I. (1951) **13**
I Was a Spy (1933) **14**
I Was a Teenage Frankenstein (1957) **2**

Jack McCall Desperado (1953) **4**
Jackpot (1950) **8**
Janie (1944) **9**
Janie Gets Married (1946) **9**
Jazz Singer (1927) **7**
Jazz Singer (1953) **16**
Jedda (1955) **4**
Jennie (1940) **8**
Jezebel (1938) **7**

Jimmy Dorsey and His Orchestra (1938) **16**
Jimmy the Gent (1934) **2**
Jivaro (1954) **4**
Joan Medford Is Missing (see House of Horrors)
Joan of Paris (1942) **9**
Joe Palooka (see Palooka)
Johnny Allegro (1949) **13**
Johnny Eager (1941) **11**
Johnny in the Clouds (see Way to the Stars)
Johnny Rocco (1958) **10**
Journey Into Fear (1943) **10**
Juarez (1939) **4**
Judge Hardy and Son (1939) **3**
Judge Hardy's Children (1938) **3**
Judge Priest (1934) **15**
Jungle Book (1942) **6**
Jungle Book (1967) **16**
Jungle Girl (1941) **13**
Jungle Jim (1948) **15**
Jungle Man Eaters (1954) **15**
Junior Miss (1945) **11**
Juno and the Paycock (1930) **1**
Just Across the Street (1952) **12**
Just For You (1952) **15**
Just This Once (1952) **12**

Kansan (1943) **6**
Kelly of the Secret Service (1936) **10**
Kennel Murder Case (1933) **2**
Kentucky (1938) **3**
Kettles in the Ozarks (1955) **4**
Key Largo (1948) **11**
Keys of the Kingdom (1944) **6**
Key to the City (1950) **1**
Kid from Spain (1932) **8**
Kid from Texas (1950) **7**
Kid Glove Killer (1942) **10**
Killer Ape (1953) **10**
Killer Bats (see Devil Bat)
Killer Diller (1948) **15**

Killers (1946) **9**
Kim (1950) **8**
Kind Lady (1951) **10**
King for a Day (1934) **16**
King for a Day (1940) **7**
King Kelly of the USA (1934) **16**
King Kong (1933) **8**
King of Dodge City (1941) **4** and **9**
King of Jazz (1930) **7**
King of the Rocket Men (1949) **13**
Kiss Me Kate (1953) **16**
Kiss the Boys Goodbye (1941) **9**
Kit Carson (1940) **6**
Kitty Foyle (1940) **11**
Knight Without Armor (1937) **14**

Ladies Crave Excitement (1935) **10**
Ladies of the Chorus (1949) **9**
Ladies in Retirement (1941) **9**
Ladies They Talk About (1933) **10**
Lady Be Good (1941) **11**
Lady Beware (see Thirteenth Guest)
Lady Dances (see Merry Widow)
Lady Hamilton (see That Hamilton Woman)
Lady in the Morgue (1938) **2**
Lady Is Willing (1942) **9**
Lady Luck (1946) **9**
Lady of Burlesque (1943) **6**
Lady Refuses (1931) **15**
Lady Reporter (see Bulldog Edition)
Lady Vanishes (1938) **14**
Lamp Still Burns (1943) **9**
Land of the Lost Jewels (1950) **13**
Land of the Pharaohs (1955) **14**
Larceny Street (see Smash and Grab)
Last Command (1928) **7**
Last Command (1955) **9**
Last Journey (1935) **7**
Last of Mrs Cheyney (1937) **1**
Last of the Buccaneers (1950) **6**

Last of the Mohicans (1920) **4**
Last of the Mohicans (1932) **13**
Last of the Mohicans (1936) **10**
Last Time I Saw Paris (1954) **8**
Late George Apley (1947) **11**
Latin Lovers (1953) **15**
Laughing Lady (1946) **6**
Laura (1945) **5**
Lawless Nineties (1936) **4**
Lawless Range (1935) **4**
Lawless Street (1955) **4**
Law of the Badlands (1950) **4**
Law of the 45's (1935) **4**
Law of the Wild (1934) **10**
Leave Her to Heaven (1945) **11**
Leave It To Blondie (1945) **15**
Leopard Man (1943) **9**
Leprechaun's Gold (1949) **7**
Let Freedom Ring (see Song of the Plains)
Let George Do It (1940) **16**
Letter from an Unknown Woman (1948) **9**
Letter from Korea (see Yank in Korea)
Lied einer Nacht (see Chanson d'une Nuit
Life Begins for Andy Hardy (1941) **6**
Life Is a Circus (1958) **14**
Life of Emile Zola (1937) **7**
Life of Her Own (1950) **8**
Life with Blondie (1945) **15**
Lightning Warrior (1931) **2**
Lights Out (see Bright Victory)
Light Touch (1951) **12**
Light Up the Sky (1960) **14**
L'il Abner (1940) **4**
Limelight (1942) **16**
Lion Man (1936) **7**
Lisbon (1956) **1**
Little Miss Marker (1934) **7**
Little Mister Jim (1946) **10**
Little Women (1933) **3**
Lives of a Bengal Lancer (1935) **3**

30

Lloyds of London (1936) **11**
Lone Avenger (1933) **10**
Lone Defender (1930) **2**
Lone Hand Texan (1947) **10**
Lonely Trail (1936) **4**
Long Dark Hall (1951) **12**
Long Knife (1958) **14**
Long Night (1947) **9**
Look Who's Laughing (1941) **9**
Loonies on Broadway (see Zombies on Broadway)
Lord Jeff (1938) **7**
Lost Angel (1943) **11**
Lost Horizon (1937) **3**
Lost Jungle (1934) **7**
Lost Moment (1947) **5**
Lost Planet (1953) **13**
Lost Planet Airmen (see King of the Rocketmen)
Lost Special (1933) **2**
Lost Trail (1945) **4**
Lost Treasure of the Amazon (see Jivaro)
Lost Tribe (1949) **13** and **15**
Lost Weekend (1945) **11**
Louisa (1950) **8**
Love (1927) **15**
Love Bound (see Murder on the High Seas)
Love Finds Andy Hardy (1938) **3**
Love Happy (1950) **6**
Love in Las Vegas (see Viva Las Vegas)
Love In Pawn (1953) **14**
Love Is a Headache (1938) **7**
Love Me Tonight (1932) **16**
Love on a Budget (see Play-Girl)
Love on the Run (1936) **1**
Love Parade (1929) **11**
Luck of the Irish (1948) **8**
Lucky Cisco Kid (1940) **11**
Lucky Jordan (1943) **8**
Lucky Stiff (1949) **6**
Lucky Texan (1934) **4**
Lullaby (see Sin of Madelon Claudet)

Lullaby of Broadway (1951) **16**
Lulu Belle (1948) **6**
Lumberjack (1944) **10**
Lusty Men (1952) **10**
Luxury Liner (1948) **8**
Lydia (1941) **9**

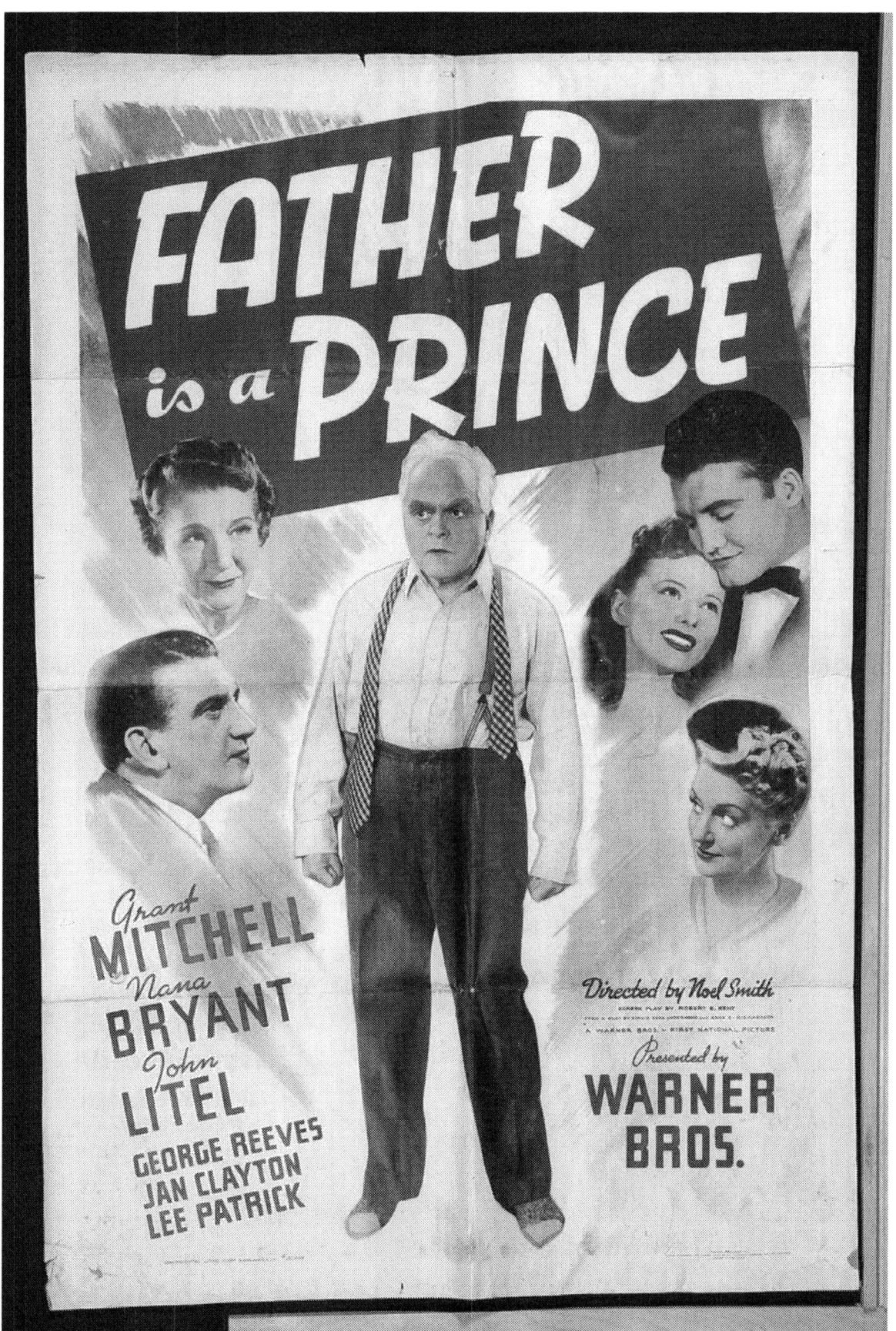

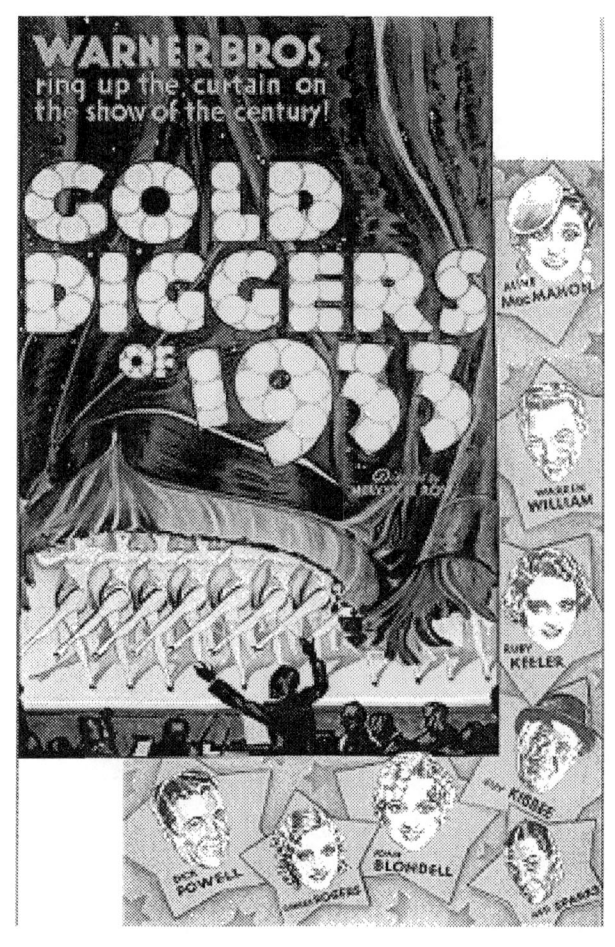

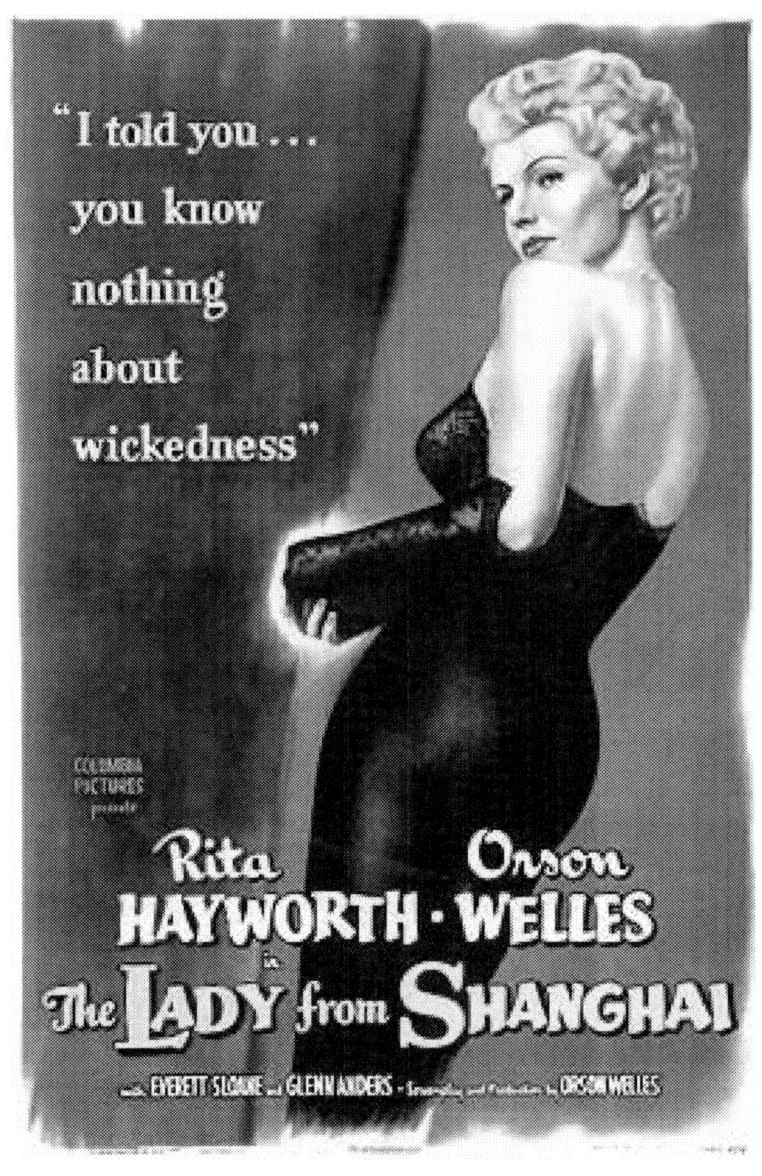

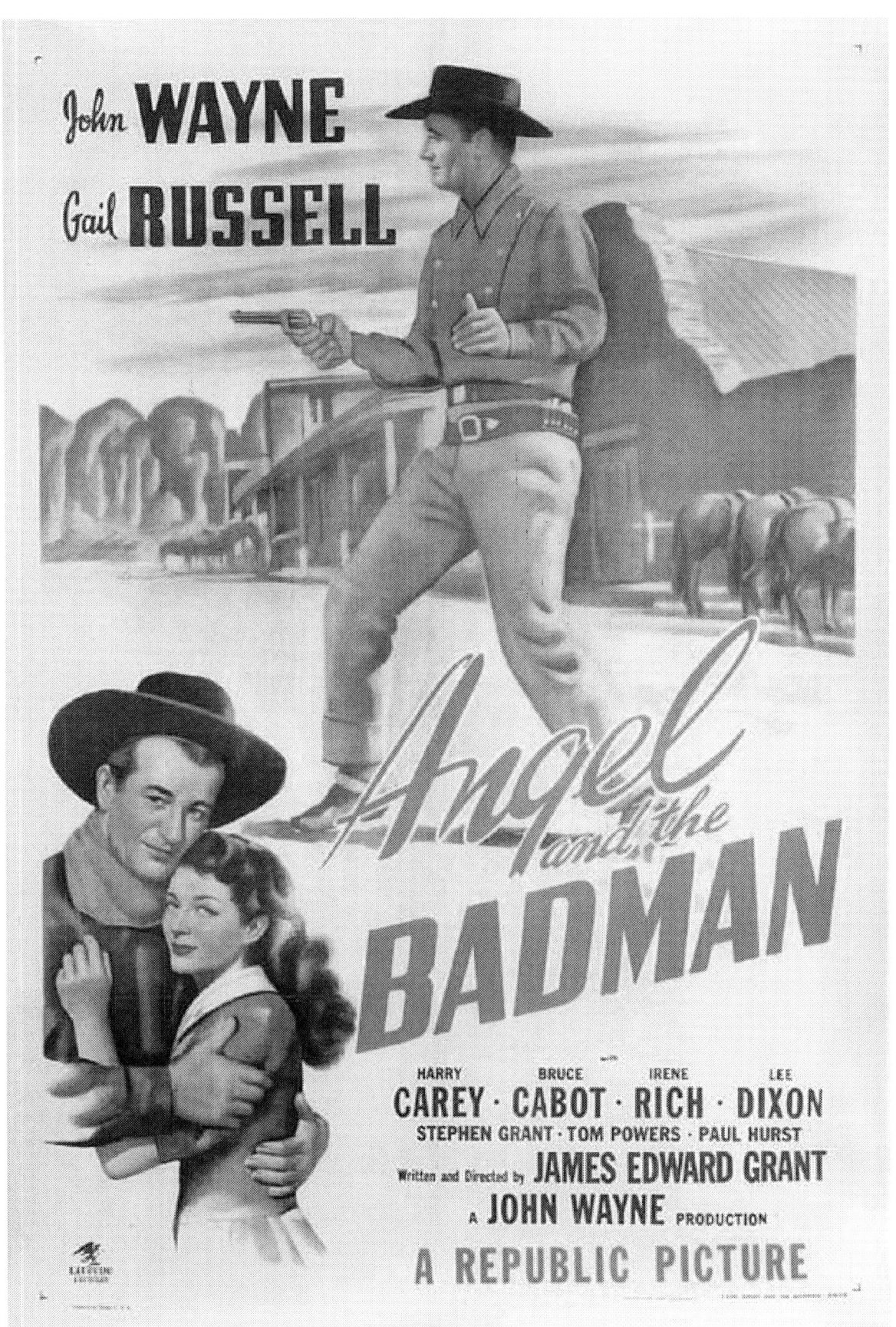

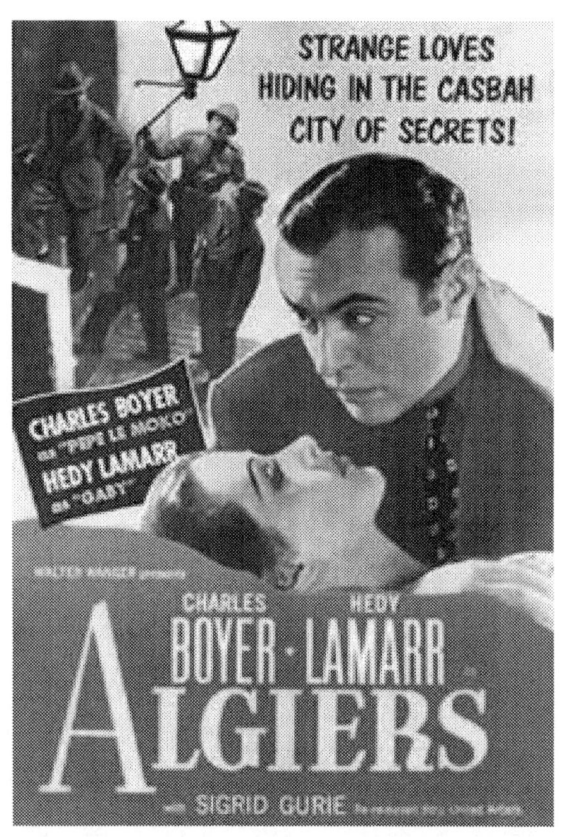

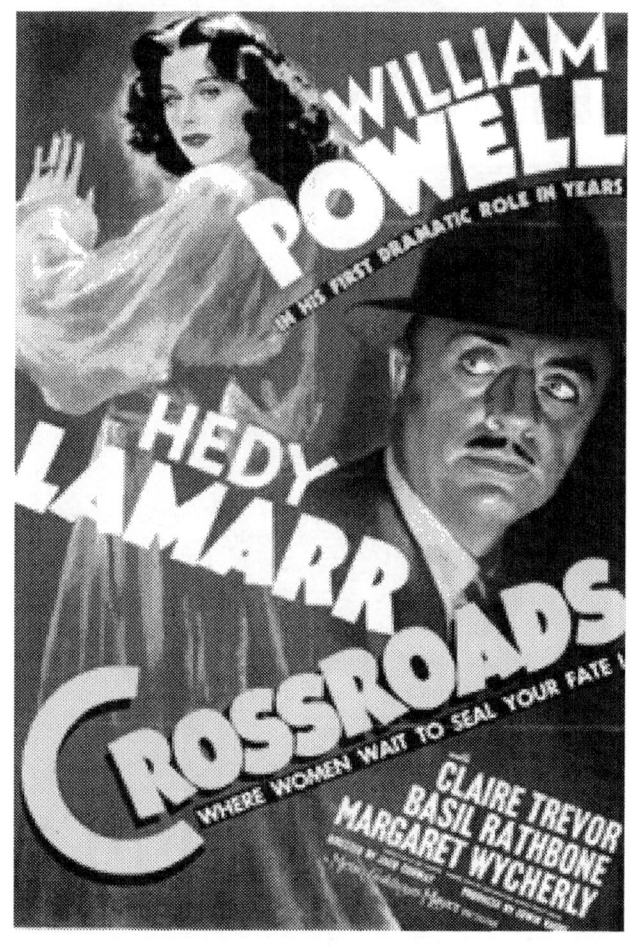

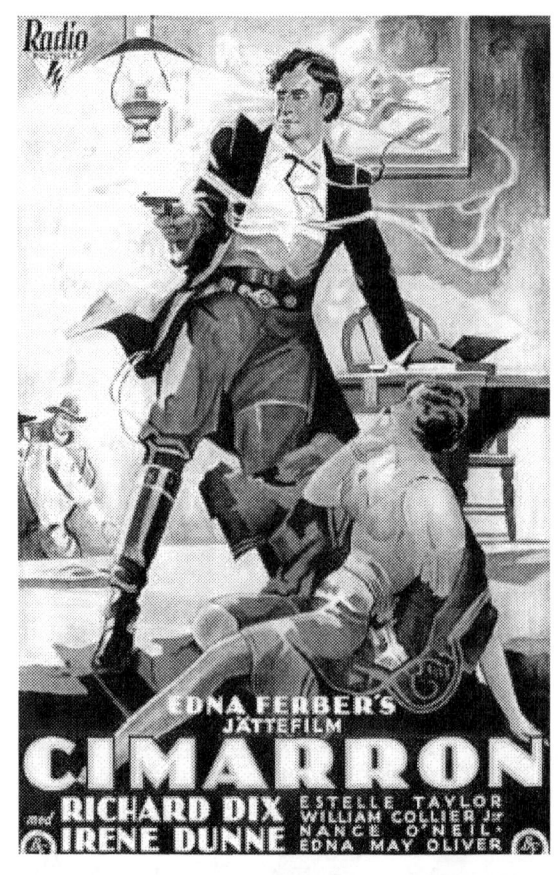

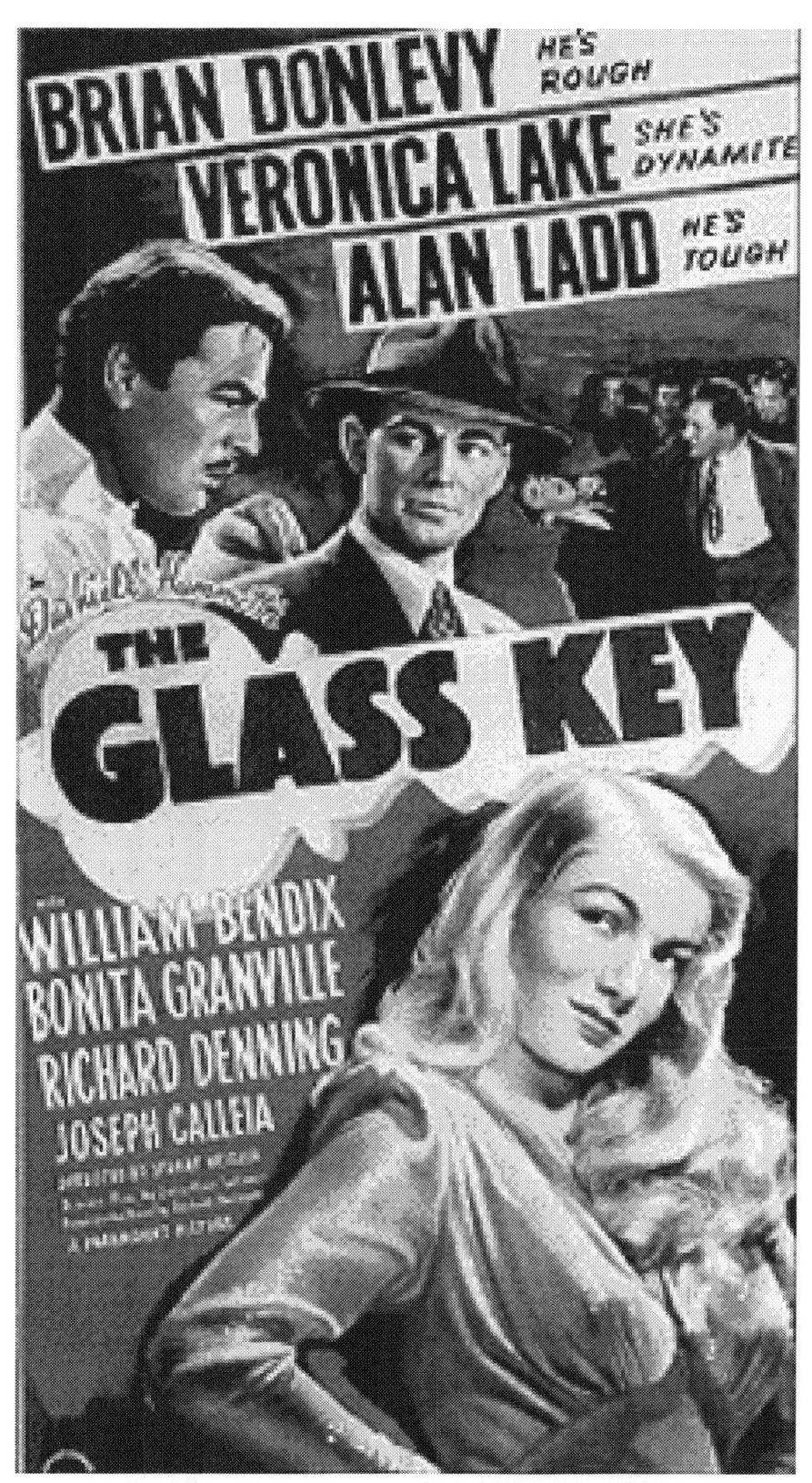

Repeating the Books in the "Hollywood Classics" series:

1. New Light on Movie Bests
2. "B" Movies, Bad Movies, Good Movies
3. Award-Winning Films of the 1930s
4. Movie Westerns: Hollywood Films the Wild, Wild West
5. Memorable Films of the Forties
6. Popular Pictures of the Hollywood 1940s
7. Your Colossal Main Feature Plus Full Support Program
8. Hollywood's Miracles of Entertainment
9. Hollywood Gold: Films of the Forties and Fifties
10. Hollywood "B" Movies: A Treasury of Spills, Chills & Thrills
11. Movies Magnificent: 150 Must-See Cinema Classics
12. These Movies Won No Hollywood Awards
13. Movie Mystery & Suspense
14. America's Best, Britain's Finest
15. Films Famous, Fanciful, Frolicsome and Fantastic
16. Hollywood Movie Musicals

Index M-Z

Ma and Pa Kettle (1949) **4**
Ma and Pa Kettle at the Fair (1951) **8**
Ma and Pa Kettle at Waikiki (1955) **8**
Ma and Pa Kettle Back on the Farm (1951) **10**
Ma and Pa Kettle Go to Paris (see Ma and Pa Kettle on Vacation)
Ma and Pa Kettle on Vacation (1953) **10**
Mad About Music (1938) **7**
Madam Satan (1930) **2**
Mad Doctor of Market Street (1941) **8**
Mad Ghoul (1943) **8**
Mad Miss Manton (1938) **8**
Magic Lamp (see Invitation to the Dance)
Magic Box (1952) **12**
Magic Face (1951) **12**
Magic Town (1947) **9**
Magnificent Doll {Lady} (1946) **6**
Magnificent Obsession (1954) **15**
Main Street to Broadway (1953) **9**
Maisie Gets Her Man (1942) **10**
Maisie Goes to Reno (1944) **10**
Make a Wish (1937) **16**
Make Believe Ballroom (1949) **6**
Make Haste to Live (1954) **9**
Make Me a Star (1932) **2**
Mala, Secret Agent of South Seas (see Robinson Crusoe of Clipper Island)
Mala the Magnificent (see Eskimo)
Malaya (1949) **9**
Male and Female (1919) **15**
Man About Town (1939) **9**
Managed Money (1934) **15**
Mandy (1952) **14**
Man from Colorado (1948) **8**
Man from Laramie (1955) **4**
Man from Montreal (1939) **9**
Man from the Folies Bergere (see Folies Bergere)
Manhattan Melodrama (1934) **7**

Manhunt of Mystery Island (1945) **13**
Man I Married (1940) **9**
Man in Grey (1945) **14**
Man in Half-Moon Street (1944) **8**
Man in the Saddle (1951) **10**
Man Is Armed (1946) **15**
Man of Conquest (1939) **8**
Man of the Moment (1955) **9**
Man on the Eiffel Tower (1949) **6**
Man on the Flying Trapeze (1934) **7**
Man Trailer (1934) **10**
Man Wanted (1932) **15**
Man Who Changed His Mind (1936) **14**
Man Who Knew Too Much (1955) **15**
Man Who Lived Again (see Man Who Changed His Mind)
Man with a Cloak (1951) **13**
Man with 100 Faces (see Crackerjack)
Man with the Green Carnation (1960) **14**
Man with Two Faces (1934) **10**
Mara Maru (1952) **8**
Maria Candelaria (1944) **15**
March of the Wooden Soldiers (1934) **10**
Marie Antoinette (1938) **8**
Marie Galante (1934) **8**
Mark of Cain (1948) **13**
Mark of the Lash (1948) **10**
Mark of the Vampire (see Vampire)
Mark of Zorro (1920) **15**
Mark of Zorro (1940) **4**
Marriage Circle (1924) **15**
Marriage Is a Private Affair (1954) **9**
Married But Single (see This Thing Called Love)
Mary's Little Lamb (1935) **7**
Mary Stevens, M.D. (1933) **15**
Mask-A-Raid (1931) **7**
Mask of Dimitrios (1944) **11**
Master of Ballantrae (1953) **8**
Master Plan (1954) **14**
Mauvaise Graine (1933) **12**
Maytime (1937) **16**

Meet Boston Blackie (1941) **11**
Meeting at Midnight (see Black Magic 1944)
Meet Me in St Louis (1944) **5**
Meet the Mummy (1955) **2**
Men Are Not Gods (1936) **11**
Men in Exile (1937) **4**
Men Must Fight (1933) **15**
Men of Destiny (see American Empire)
Men on Her Mind (see Girl from 10th Avenue)
Men with Wings (1938) **11**
Merry Widow (1934) **15**
Merry Widow (1952) **16**
Metropolis (1927) **12**
Mexicali Rose (1939) **4**
Mexican Spitfire at Sea (1942) **7**
Mexican Spitfire Out West (1940) **7**
Mexican Spitfire's Baby (1941) **7**
Mexican Spitfire's Blessed Event (1943) **7**
Mexican Spitfire's Elephant (1942) **7**
Mexican Spitfire Sees a Ghost (1942) **7**
Midnight Phantom (1935) **2**
Midsummer Night's Dream (1934) **7**
Mighty McGurk (1946) **10**
Mikado (1939) **16**
Mildred Pierce (1945) **6**
Millionaire for Christy (1951) **11**
Million Dollar Baby (1941) **10**
Million Dollar Legs (1932) **11**
Min and Bill (1930) **7**
Minding the Baby (1931) **7**
Minstrel Man (1944) **16**
Ministry of Fear (1944) **6**
Miniver Story (1950) **6**
Miracle from Mars (see Red Planet Mars)
Miracle in Soho (1957) **14**
Miracle of the Bells (1948) **8**
Miracle on 34th Street (1947) **8** and **11**
Miranda (1948) **14**
Mirrors (1934) **15**
Miss Lulu Bett (1921) **15**

85

Miss Pinkerton (1932) **10**
Miss Sadie Thompson (1953) **16**
Mister Ace (1946) **6**
Mister Deeds Goes To Town (1936) **7**
Mister Denning Drives North (1951) **12**
Mister 880 (1950) **13**
Mister Emmanuel (1944) **14**
Mister Peek-a-Boo (1951) **12**
Mister Smith Goes to Washington (1939) **7**
Mister V (1941) **14**
Mister Winkle Goes to War (1944) **9**
Mister Wise Guy (1942) **9**
Mister Wong at Headquarters (see Fatal Hour)
Mister Wong, Detective (1938) **15**
Mister Wong in Chinatown (1939) **15**
Moby Dick (1930) **2**
Model Murder Case (see Girl in the Headlines)
Mohawk (1956) **10**
Monkey Business (1931) **12**
Monkey Businessman (1946) **15**
Monsoon (1943) **15**
Monster Maker (1944) **8**
Monsters from the Moon (see Robot Monster) **13**
Montana (1950 **4**
Montana Mike (see Heaven Only Knows)
Monte Carlo (1930) **11**
Moonlight Raid (see Challenge of the Range)
Moonrise (1948) **11**
Moonstone (1934) **2**
Moon Over Las Vegas (1944) **9**
Moon Over Miami (1941) **16**
More the Merrier (1943) **11**
Morning Glory (1933) **7**
Mother Wore Tights (1947) **11**
Moulin Rouge (1953) **16**
Mountain Justice (1936) **4**
Movie Crazy (1932) **11**
Mrs Miniver (1942) **6**
Mummy's Curse (1944) **8**
Mummy's Ghost (1944) **8**

Mummy's Tomb (1942) **8**
Murder (1930) **7**
Murder at the Baskervilles (1937) **10**
Murder by an Aristocrat (1936) **10**
Murder by Television (1935) **10**
Murder in Bergen (see Let George Do It)
Murder in the Air (see Pilot X)
Murder in the Air (1940) **8**
Murder in the Big House (1939) **7**
Murder in the Clouds (1934) **2**
Murder in the Private Car (1934) **2**
Murder in Thornton Square (see Gaslight)
Murder on a Honeymoon (1935) **2**
Murder on Diamond Row (see Squeaker)
Murder on the Campus (1934) **10**
Murder on the Runaway Train (see Murder in the Private Car)
Murder on the High Seas (1932) **2**
Murder Will Out (see Voice of Merrill)
Murder with Music (1941) **16**
Music Blasters (see You're Darn Tootin')
Music for Millions (1944) **11**
Mutiny (1952) **15**
Mutiny on the Bounty (1935) **15**
My Artistical Temperament (1937) **2**
My Forbidden Past (1951) **13**
My Friend Flicka (1943) **6**
My Friend Irma (1949) **16**
My Friend Irma Goes West (1950) **16**
My Gal Sal (1942) **11**
My Hero (see Southern Yankee)
My Life with Caroline (1941) **7**
My Love Came Back (1940) **8**
My Lucky Star (1938) **16**
My Name Is Julia Ross (1945) **13**
My Son Alone (see American Empire)
Mysterious Bombardier (see Pilot X)
Mysterious Mr Sheffield (see Law of the 45's)
Mysterious Mr Wong (1935) **10**
Mysterious Mose (1930) **7**
Mystery House (1938) **10**

Mystery Junction (1951) **12**
Mystery Man (1935) **10**
Mystery Mountain (1934) **7**
Mystery of Mr Wong (1939) **15**
Mystery of the Wentworth Castle (see Doomed To Die) **15**
My Tomato (1943) **16**
My Wild Irish Rose (1947) **12** and **16**

Naked Runner (1966) **14**
Narrow Margin (1952) **15**
National Velvet (1944) **6**
Naughty Marietta (1935) **3**
Naughty Widow (see Young Widow)
Navy Secrets (1939) **7**
Nazi Agent (1942) **9**
Nazi Spy Ring (see Dawn Express)
Nearly a Nasty Accident (1961) **14**
'Neath Arizona Skies (1934) **4**
Never Too Late (1935) **10**
New Frontier (1939) **4**
Nice Girl (1941) **9**
Nicholas Nickleby (1947) **14**
Night and Day (1946) **16**
Night at the Movies (1937) **15**
Night in Casablanca (1946) **6**
Night Is Young (1935) **8**
Night Key (1937) **2**
Nightmare Alley (1947) **9**
Night of the Eagle (1962) **14**
Night of the Generals (1967) **14**
Night Owls (1929) **7**
Night Riders (1939) **4**
Night Walker (1964) **7**
Night Was Our Friend (1952) **14**
Night Without Stars (1951) **14**
Nitwits (1935) **12**
Nob Hill (1945) **11**
None But the Lonely Heart (1944) **11**
Noose Hangs High (1948) **12**
No Place To Go (1939) **10**

No Resting Place (1951) **14**
Northern Frontier (1935) **10**
Nothing But the Truth (1929) **12**
Nothing But the Truth (1941) **12**
Northwest Mounted Police (1940) **11**
Northwest Trail (1945) **2**
Nothing Barred (1961) **14**
No Time for Tears (see Purple Heart Diary)
Now and Forever (1934) **7**
Now and Forever (see Forever Amber)
Now I'll Tell (1934) **7**
Now Voyager (1942) **11**

Obliging Young Lady (1941) **8**
October Man (1947) **15**
Odor in the Court (1934) **1**
Off the Beaten Track (see Behind the Eight Ball)
O'Flynn (see Fighting O'Flynn)
Oh Daddy (1935) **8**
Oh, Mr Porter (1937) **14**
Oil for the Lamps of China (1935) **1**
Old Dark House (1932) **1**
Old Hutch (1936) **10**
Old Mill (1937) **15**
Old Mother Riley's New Venture (1949) **15**
Old West (1952) **15**
Old Wives for New (1918) **15**
Oliver VIII (see Private Life of Oliver VIII)
On Approval (1945) **8**
Once Upon a Dream (1949) **14**
Once Upon a Honeymoon (1942) **9**
Once Upon a Thursday (see Affairs of Martha)
One Body Too Many (1944) **1**
One Foot in Heaven (1941) **9**
One Hour With You (1932) **16**
One Hundred Men and a Girl (1937) **7**
One Night of Love (1934) **7**
One Way Passage (1932) **3**
Only the Valiant (1951) **8**
On Moonlight Bay (1951) **12** and **16**

On Our Selection (1932) **4**
On the Avenue (1937) **16**
On the Double (1961) **14**
On the Night of the Fire (1940) **9**
On the Stroke of Nine (see Murder on the Campus)
On the Town (1949) **16**
Operation Cicero (see Five Fingers)
Orphans of the Storm (1921) **15**
Oscar Wilde (1960) **14**
O.S.S. (1946) **13**
Our Blushing Brides (1930) **10**
Our Daring Daughters (1928) **8**
Our Hospitality (1923) **1**
Our Vines Have Tender Grapes (1945) **9**
Outcast (see Man in the Saddle)
Outcast of the Islands (1952) **12**
Outcasts of the Trail (1949) **10**
Outlaw (1943) **2**
Outlaws of the Desert (1941) **2**
Out of the Blue (1947) **6**
Outside the Law (1921) **15**
Outside the Law (see Strange Case of Dr Meade)
Out West with the Hardys (1938) **3**
Owd Bob (1938) **4**
Ox-Bow Incident (1942) **6**

Pagan Love Song (1950) **16**
Pagliacci (1936) **14**
Paid in Full (1950) **9**
Painted Desert (1931) **7**
Painted Stallion (1937) **4**
Paleface (1948) **5**
Palooka (1934) **15**
Panama Menace (see South of Panama)
Panama Patrol (1939) **7**
Pandora and the Flying Dutchman (1951) **12**
Panic (1963) **14**
Panic in the Streets (1950) **5**
Panther Girl of the Congo (1955) **13**
Parachute Jumper (1933) **1**

Paradine Case (1947) **9**
Paradise Canyon (1935) **4**
Paradise Ranch (see Paradise Canyon)
Paris Interlude (1934) **1**
Passage to Marseille (1944) **9**
Passe Muraille (see Mr Peeka-Boo)
Passionate Summer (1958) **14**
Patriot (1928) **7**
Payroll (1961) **14**
Peeping Penguins (1937) **7**
People Are Funny (1946) **16**
Pépé le Moko (1937) **11**
Perfect Strangers (see Vacation from Marriage)
Perfect Strangers (1950) **9**
Personal Affair (1953) **14**
Phantom Broadcast (1933) **10**
Phantom Cowboy (1941) **13**
Phantom Creeps (1939) **13**
Phantom Express (1932) **2**
Phantom from Space (1953) **9**
Phantom Light (1935) **8**
Phantom of Chinatown (1940) **15**
Phantom of Paris (1931) **2**
Phantom of the Circus (see Circus of Horrors)
Phantom of the Opera (1943) **11**
Phantom of the Plains (1945) **10**
Phantom of the West (1930) **7**
Phantom Thunderbolt (1933) **10**
Philadelphia Story (1940) **11**
Phone Call from a Stranger (1952) **12**
Piccadilly (1929) **12**
Piccadilly Incident (1946) **14**
Picture of Dorian Gray (1945) **5**
Pilot X (1937) **7**
Pimpernel Smith (1941) **14**
Pink String and Sealing Wax (1945) **14**
Pinocchio (1941) **11**
Pirates of Penzance (1983) **14**
Platinum Blonde (1931) **8**
Playgirl (1954) **15**

Play-Girl (1932) **15**
Please Turn Over (1959) **14**
Poet's Pub (1949) **8**
Polly Fulton (see B.F.'s Daughter)
Poor Little Rich Girl (1936) **12** and **16**
Pop 'Im Pop (1950) **8**
Port of Wickedness (see Barbary Coast)
Portrait of a Sinner (see Rough and the Smooth)
Posse Cat (1953) **2**
Possessed (1947) **9**
Postman Always Rings Twice (1946) **9**
Pot Luck (1936) **14**
Prairie Moon (1938) **4**
Press for Time (1966) **14**
Pride and Prejudice (1940) **11**
Pride of Saint Louis (1952) **12**
Pride of the Yankees (1942) **11**
Prime Minister (1941) **8**
Prince of Foxes (1949) **8**
Princess O'Rourke (1943) **11**
Prison Break (1938) **15**
Prisoner of Zenda (1952) **12**
Private Life of Henry VIII (1933) **7**
Private Life of Oliver VIII (1934) **7**
Prizefighter and the Lady (1933) **10**
Promoter (see Card)
Public Cowboy Number One (1937) **4**
Purchase Price (1932) **1**
Purple Heart (1944) **13**
Purple Heart Diary (1951) **12**
Pursued (1947) **4**
Pursuit to Algiers (1945) **1**
Pygmalion (1938) **7**

Queen Christina (1933) **12**
Queen of the Amazons (1946) **13**
Question of Suspense (1961) **13**
Quiet Man (1952) **15**
Quiet Please, Murder (1942) **5**
Quiet Weekend (1946) **15**

Quiet Woman (1951) **15**
Quo Vadis (1951) **15**

Racket Busters (1938) **10**
Raffles (1940) **6**
Rainbow Jacket (1954) **14**
Rains Came (1939) **6** and **7**
Ranch Dynamite (see Texas Tornado)
Rancho Notorious (1952) **8**
Randy Strikes Oil (see Fighting Texans)
Raton Pass (1951) **10**
Rawhide (1938) **4**
Razor's Edge (1946) **11**
Reaching for the Moon (1930) **16**
Real Glory (1939) **13**
Reap the Wild Wind (1942) **11**
Rebecca (1940) **11**
Rebecca of Sunnybrook Farm (1938) **12** and **16**
Reckless Moment (1949) **14**
Red Badge of Courage (1951) **9**
Red Ball Express (1952) **12**
Red Danube (1949) **10**
Redheads on Parade (1935) **16**
Red Planet Mars (1952) **12**
Red River (1948) **4**
Red Shoes (1948) **16**
Reet, Petite and Gone (1947) **15**
Reformer and the Redhead (1950) **8**
Refugee (see Three Faces West)
Rendezvous (1951) (see Darling How Could You)
Rest Cure (see We're in the Legion Now)
Return of Chandu (1934) **15**
Return to Sender (1963) **1**
Revenge Is Sweet (see March of the Wooden Soldiers)
Rhapsody in Blue (1945) **6**
Rhythm on the Range (1936) **12**
Rhythm on the River (1940) **12**
Ride 'Em Cowboy (1941) **4** and **9**
Riders of Black River (1939) **4**
Riders of Death Valley (1941) **10**

Riders of Destiny (1933) **4**
Riding Shotgun (1954) **4**
Ring (1927) **14**
Ringside Maisie (1941) **10**
Rio (1939) **10**
Rio Rita (1929) **7**
Rio Rita (1942) **4**
Riso Amaro (see Bitter Rice)
River Beat (1954) **14**
Roadblock (1951) **8**
Road Show (1940) **16**
Road to Bali (1953) **16**
Road to Morocco (1942) **16**
Road to Rio (1947) **16**
Road to Utopia (1945) **8**
Road to Zanzibar (1941) **7**
Roaring Rider (see Wyoming Whirlwind)
Roaring Timber (see Come and Get It)
Roar of the Dragon (1932) **10**
Robbery Under Arms (1957) **4**
Roberta (1935) **16**
Robin Hood (1973) **16**
Robin Hood of Texas (1947) **4**
Robin Hood of the Pecos {Range} (1941) **15**
Robin Hood of the Range (1943) **4**
Robinson Crusoe of Clipper Island {Mystery Island} (1936) **13** and **15**
Robot Monster (1953) **13**
Robot Pilot (see Emergency Landing)
Rob Roy, the Highland Rogue (1953) **14**
Rockabye (1932) **15**
Rock Island Trail (1950) **15**
Rocky Mountain (1950) **10**
Rocky Mountain Mystery (1935) **11**
Rogues' Tavern (1936) **10**
Rolling Home (1946) **4**
Romance of a Horse Thief (1971) **4**
Romance in Manhattan (1935) **10**
Romance on the High Seas (1948) **6**
Rookies (see Buck Privates)
Rookies Come Home (see Buck Privates Come Home)

Rope (1948) **15**
Rope of Sand (1949) **9**
Rose of Washington Square (1939) **1** and **16**
Rough and the Smooth (1959) **14**
Roughly Speaking (1945) **9**
Rough Riders' Round-Up (1939) **4**
Round-Up Time in Texas (1937) **4**
Rovin' Tumbleweeds (1939) **4**
Roxie Hart (1942) **6**
Royal Flush (see Two Guys from Milwaukee)
Rowlandson's England (1956) **14**
Ruby Gentry (1952) **15**
Rudyard Kipling's Jungle Book (see Jungle Book 1942)
Run for the Sun (1956) **7**

Saga of the West (see When a Man's a Man)
Sagebrush Trail (1933) **4**
Saigon (1948) **6**
Sainted Sisters (1948) **9**
Saint's Double Trouble (1940) **8**
Salerno Beachhead (see Walk in the Sun)
Sally in Our Alley (1931) **16**
Saludos Amigos (1943) **6**
Salute (1929) **15**
Salute of the Jugger (1989) **14**
Salute to Courage (see Nazi Agent)
Salzburg Pilgrimage (1956) **14**
Samson and Delilah (1949) **6**
San Antonio (1946) **4**
Sanders of the River (1935) **13**
San Francisco (1936) **3**
Sangaree (1953) **12**
Santa Fe (1951) **10**
Saratoga (1937) **8**
Saratoga Trunk (1946) **8**
Saxon Charm (1948) **9**
Scared to Death (1946) **7**
Scarlet Claw (1944) **9**
Scarlet Letter (1934) **15**
Scaramouche (1952) **10**

Scarlet Pimpernel (1935) **14**
School for Scoundrels (1960) **8**
Scottie Finds a Home (1935) **7**
Scoundrel (1935) **7**
Screaming Eagles (1956) **2**
Seagulls Over Sorrento (1954) **13**
Sea Hawk (1940) **6**
Search (1948) **8**
Searchers (1956) **4**
Searching Wind (1946) **9**
Sea Wall (see West of Dodge City)
Sea Wolf (1941) **9**
Second Childhood (1936) **10**
Second Chorus (1940) **9**
Second Face (1950) **12**
Secret Agent (see Enemy Agent)
Secret Beyond the Door (1948) **9**
Secret Four (see Four Just Men)
Secret Mission (1942) **9**
Secret of Madame Blanche (1933) **15**
Secrets of an Actress (1938) **11**
Secrets of the French Police (1932) **7**
See Here, Private Hargrove (1944) **10**
See No Evil (see Blind Terror)
Seminole Uprising (1955) **4**
Sensations {of 1945} (1944) **16**
Sentimental Journey (1946) **6**
Sergeant York (1941) **11**
Seven Days' Leave (1942) **6**
Seven Keys to Baldpate (1947) **8**
Seventh Cavalry (1956) **4**
Seventh Heaven (1927) **7**
Seventh Veil (1945) **11**
Shadow of Fear (see Before I Wake)
Shadow on the Wall (1950) **10**
Shadows (1922) **15**
Shall We Dance (1937) **16**
Shame (see Intruder)
Shame of Mary Boyle (see Juno and the Paycock)
Shanghai Chest (1948) **9**

Shanghai Express (1932) **7**
Shanghai Story (1954) **2**
She Couldn't Say No (1953) **9**
She Done Him Wrong (1933) **12**
She Got Her Man (see Maisie Gets Her man)
Sheep Shape (1946) **7**
Sheik (1921) **10**
Shepherd of the Hills (1941) **1**
Sherlock Holmes (see Adventures of Sherlock Holmes)
Sherlock Holmes and the Scarlet Claw (see Scarlet Claw)
Sherlock Holmes and the Secret Code (see Dressed To Kill)
Sherlock Holmes Faces Death (1943) **13**
Sherlock Jr (1924) **2**
She Went to the Races (1945) **6**
She Wolf of London (1946) **6**
She Wore a Yellow Ribbon (1949) **8**
Ships with Wings (1941) **2**
Shiralee (1957) **14**
Shock (1923) **15**
Shocking Miss Pilgrim (1946) **16**
Shootout at Medicine Bend (1957) **4**
Showdown (see West of Abilene)
Shriek in the Night (1933) **10**
Sign of Four (1932) **10**
Silent Barriers (see Great Barrier)
Silly Billies (1936) **4**
Silly Scandals (1931) **11**
Silver Blaze (see Murder at the Baskervilles) **10**
Silver Bullet (1935) **10**
Silver Dollar (1933) **4**
Silver Fleet (1943) **14**
Silverspurs (1936) **11**
Since You Went Away (1944) **6**
Sinful Cargo (see Yellow Cargo)
Singin' in the Corn (1946) **4**
Singin' in the Rain (1952) **16**
Sinister Hands (1932) **10**
Sinister Man (1961) **14**
Sin of Madelon Claudet (1931) **7**
Sitting on the Moon (1936) **16**

Sitting Pretty (1948) **6**
Six Bridges to Cross (1955) **8**
Six-Gun Law (1947) **4**
Sixteen Fathoms Deep (1934) **2**
Sixteen Fathoms Deep (1948) **2**
Skin Game (1931) **7**
Skippy (1931) **7**
Sky Dragon (1949) **2**
the Sky's the Limit (1943) **9**
Slave Girl (1947) **15**
Sleepers West (1941) **15**
Sleeping Beauty (1959) **16**
Slippery Pears (see Stolen Jools)
Small Back Room (1949) **9**
Smallest Show On Earth (1957) **15**
Smart Woman (1948) **7**
Smash and Grab (1937) **14**
Smiling Lieutenant (1931) **12**
Smilin' Through (1941) **8**
Snowbound (1948) **14**
Snowed Under (1936) **1**
Snows of Kilimanjaro (1952) **9**
Snow White and the Seven Dwarfs (1937) **7**
So Great a Man (see Abe Lincoln in Illinois)
Soldiers of the King (1933) **8**
Solo for Sparrow (1962) **1**
Somebody Loves Me (1952) **16**
Some Call It Murder (see I'll Sell My Life)
Something To Sing About (1937) **16**
Somewhere I'll Find You (1942) **6**
Song Is Born (1948) **16**
Song of Bernadette (1943) **11**
Song of Love (1947) **16**
Song of Texas (1943) **6**
Song of the Islands (1942) **12**
Song of the Plains (1939) **16**
Song of the South (1946) **6**
Song of the Thin Man (1947) **1**
Son of a Bad Man (1949) **10**
Son of Dracula (1943) **6**

Sons of the Musketeers (1952) **13**
Sons of the Pioneers (1942) **4**
So Proudly We Hail (1943) **9**
Sorry Wrong Number (1948) **8**
Sound Barrier (1952) **14**
Sound of Music (1965) **16**
Southern Yankee (1938) **13**
South of Pago-Pago (1940) **6**
South of Panama (1941) **10**
South of Santa Fe (1942) **6**
South of Suez (1940) **10**
South of Tahiti (1941) **6**
South Riding (1938) **14**
Southwest to Sonora (see Appaloosa)
So You Want To Be a Detective (1948) **8**
So You Want To Play the Horses (1946) **1**
Space Soldiers Conquer the Universe (see Flash Gordon Conquers the Universe)
Spawn of the North (1938) **3**
Speak Easily (1932) **15**
Special Agent (1935) **1**
Speed to Spare (1948) **15**
Spellbound (1945) **11**
Sphinx (1933) **10**
Spider Returns (1941) **13**
Spirit of St Louis (1957) **9**
Spirit of the People (see Abe Lincoln in Illinois)
Spite Marriage (1929) **1** and **7**
Spoilers (1942) **4**
Spooks Run Wild (1941) **13**
Spy In Lace Panties (1966) **13**
Spy Smasher (1942) **4**
Squeaker (1937) **14**
Stablemates (1938) **7**
Stagecoach (1939) **3**
Stagecoach to Hell (see Stage to Thunder Rock)
Stagecoach to Monterey (1944) **4** and **9**
Stagecoach to Thunder Rock (1964) **4**
Stage Door Canteen (1943) **6**
Standing Room Only (1944) **8**

Stand Up and Cheer (1934) **7**
Stand Up and Fight (1939) **8**
Stan Kenton and His Orchestra (1936) **16**
Star Dust and Sweet Music (see Calendar Girl)
Star Is Born (1937) **7**
Star of Bethlehem (1957) **14**
Starlight Over Texas (1938) **16**
Star Packer (1934) **4**
Star Said No (see Callaway Went Thataway)
Stars Look Down (1941) **9**
Stars In My Crown (1950) **11**
State of the Union (1948) **9**
State Police (see Whirlwind Raiders)
Steamboat Bill Junior (1928) **15**
Stick To Your Guns (1941) **4**
Stolen Jools (1931) **13**
Stone of Silver Creek (1935) **7**
Stop Press Girl (1949) **14**
Storm Warning (1951) **12**
Story of Louis Pasteur (1936) **7**
Story of Mandy (see Mandy)
Story of Mankind (1957) **8**
Story of Will Rogers (1952) **15**
Stowaway (1936) **16**
Strange Boarders (1938) **11**
Strange Case of Dr Meade (1938) **11**
Strange Impersonation (1946) **11**
Strange Incident (see Ox-Bow Incident)
Strange Love of Molly Louvain (1932) **15**
Stranger In Town (1932) **11**
Street Angel (1928) **7**
Street With No Name (1948) **11**
Strictly Unconventional (1930) **11**
Strike Up the Band (1940) **11**
Striptease Lady (see Lady of Burlesque)
Strong Man (1926) **8**
Study in Scarlet (1933) **10**
Stupidstitious Cat (1947) **7**
Submarine Patrol (1938) **11**
Suez (1956) **14**

Sullivans (1944) **11**
Sullivan's Travels (1941) **11**
Sunday Night at the Trocadero (1937) **16**
Sundowners (1950) **10**
Sundowners (1960) **14**
Sunny Side of the Street (1951) **12**
Sunnyside Up (1929) **12**
Sunrise (1927) **7**
Sunset Carson Rides Again (1948) **7**
Sunset Range (1935) **10**
Sunset Pass (1946) **12**
Sunset Trail (1931) **4**
Susanna Pass (1949) **4**
Suspense (1946) **9**
Suspicion (1941) **11**
Sutter's Gold (1936) **11**
Sweet Aloes (1932) **1**
Sweet Devil (1938) **11**
Sweethearts (1938) **3**
Swing High, Swing Low (1937) **16**
Swing Shift Maisie (1943) **10**
Swing Time (1936) **3**
Swiss Family Robinson (1960) **14**
Swiss Miss (1938) **11**
Symphony of Swing (1939) **15**

Tabu (1931) **3**
Taggart (1964) **4**
Tales of Manhattan (1942) **9**
Talk of the Town (1942) **6**
Tall in the Saddle (1944) **4**
Tall T (1957) **15**
Tall Target (1951) **15**
Tap Roots (1948) **6**
Tarts and Flowers (1950) **7**
Tarzan and the Green Goddess (1938) **7**
Tarzan and the She-Devil (1953) **2**
Tarzan Goes to India (1962) **14**
Tarzan's New York Adventure (1942) **7**
Tarzan Triumphs (1943) **6**

Taste of Money (1960) **14**
Taxi Barons (1933) **7**
Teenage Frankenstein (see I Was a Teenage Frankenstein)
Telegraph Trail (1933) **10**
Telling the World (1928) **7**
Tell It to the Judge (1949) **9**
Tempest (1927) **7**
Temptation (1946) **8**
Ten Commandments (1923) **12**
Ten Tall Men (1951) **12**
Ten Wanted Men (1955) **10**
Teresa (1951) **9**
Terror By Night (1946) **10**
Terrors on Horseback (1946) **4**
Terror Street (see 36 Hours)
Texans (1938) **2**
Texas Carnival (1951) **10**
Texas Express (see Fort Worth)
Texas Kid, Outlaw (see Kid from Texas)
Texas Ranger (1931) **15**
Texas Tornado (1932) **10**
That Certain Age (1938) **7**
That Certain Woman (1937) **10**
That Forsyte Woman (1949) **15**
That Hamilton Woman (1941) **11**
That Mad Mr Jones (see Fuller Brush Man)
That Woman Opposite (1957) **14**
There Goes the Bride (1933) **14**
There's Always a Thursday (1956) **14**
They Flew Alone (1942) **14**
They Knew Mr Knight (1946) **9**
They Met at Midnight (see Piccadilly Incident)
They Met in the Dark (1943) **14**
They're a Weird Mob (1966) **14**
They Were Not Divided (1950) **15**
They Were Sisters (1945) **14**
Thief of Bagdad (1940) **11**
Thin Air (see Body Stealers)
Things Are Looking Up (1935) **8**
Thin Man Goes Home (1944) **9**

Third Alibi (1961) **14**
Third Dimensional Murder (1941) **15**
Third Man (1949) **1**
Third Man on the Mountain (1959) **14**
Third Time Lucky (1949) **14**
13 Rue Madeleine (1947) **9**
Thirteenth Guest (1932) **1**
13th Letter (1951) **6**
Thirteen Women (1932) **2**
Thirty Seconds Over Tokyo (1944) **11**
36 Hours (1953) **14**
This Above All (1942) **11**
This Is the Army (1943) **11**
This Land Is Mine (1943) **11**
This Thing Called Love (1941) **9**
This Woman Is Mine (1941) **1**
Thoroughbred (1936) **10**
Thoroughly Modern Millie (1967) **16**
Those Endearing Young Charms (1945) **9**
Three Came Home (1950) **6**
Three Faces East (1930) **1**
Three Faces West (1940) **4**
Three Godfathers (1948) **1**
Three in Eden (see Isle of Fury)
Three Little Words (1950) **6**
Three Mesquiteers (1936) **10**
Three Musketeers (1948) **5**
Three Texas Steers (1939) **2**
Thunderhead Son of Flicka (1945) **6**
Thunder over Texas (1934) **1**
Thunder over the Prairie (1941) **4**
Tiger by the Tail (1970) **12**
Tiger in the Smoke (1956) **14**
Tiger Shark (1932) **10**
Till the Clouds Roll By (1946) **6**
Timberjack (1945) **9**
Timbuktu (1959) **9**
Time of their Lives (1946) **8**
Time, the Place and the Girl (1946) **12**
Time to Remember (1962) **1**

Time Without Pity (1957) **14**
Timid Toreador (1940) **15**
Tin Pan Alley (1940) **6**
T-Men (1948) **8**
To Be Or Not To Be (1942) **13**
To Each His Own (1946) **11**
To Have and Have Not (1944) **13**
Tombstone Canyon (1932) **2**
Tom Jones (1963) **14**
Tomorrow at Ten (1963) **14**
Tomorrow Is Another Day (1951) **12**
Tomorrow Is Forever (1945) **9**
Tomorrow the World (1941) **15**
Tomorrow We Live (1943) **14**
Tom Sawyer (1930) **4**
Tom Thumb (1958) **14**
Too Dangerous To Love (see Perfect Strangers)
Too Late the Hero (1970) **14**
Too Many Girls (1940) **16**
Tonight and Every Night (1945) **12**
Tony Draws a Horse (1951) **12**
Too Young To Kiss (1951) **12**
Top Hat (1935) **16**
Top of the World (1955) **1**
Top o' the Morning (1949) **9**
Torchy Runs for Mayor (1939) **10**
Torpedo of Doom (see Fighting Devil Dogs) **12**
Torrent (1926) **15**
Toten Augen von London (see Dark Eyes of London 1961)
To the Shores of Tripoli (1942) **5**
To the Victor (see Owd Bob)
Touch of Evil (1958) **9**
Touch of the Sun (1956) **14**
Tower of London (1939) **1**
Town Too Tough To Die (see Bad Men of Arizona)
Trader Horn (1931) **2**
Trail Beyond (1934) **4**
Trailing the Killer (1932) **4**
Trails of the Wild (1935) **10**
Trail Street (1947) **10**

Transatlantic (1931) **7**
Transcontinent Express (see Rock Island Trail)
Transgression (1931) **15**
Trapped by Television (1936) **10**
Treasure of Pancho Villa (1955) **10**
Tree Grows in Brooklyn (1945) **5**
Tree of Liberty (see Howards of Virginia)
Trent's Last Case (1952) **7**
Trial (1955) **9**
Trials of Oscar Wilde (see Man with the Green Carnation)
Trio (1950) **14**
Triumph of Sherlock Holmes (1935) **10**
Trocadero (1944) **16**
Trooper Hook (1957) **10**
Trooping the Colour (1957) **14**
Tropic Zone (1953) **10**
Trouble Busters (1933) **10**
Trouble Chaser (see Li'l Abner)
Trouble in Texas (1937) **7**
Troubles through Billets (see Blondie for Victory)
Trouble with Harry (1955) **1**
Trouble with Women (1947) **7**
Tugboat Annie (1933) **12**
Tulsa (1949) **6**
Turned Out Nice Again (1941) **9**
Turning Point (1952) **9**
Tuttles of Tahiti (1942) **9**
Twice Two (1933) **10**
Twilight in the Sierras (1950) **9**
Two-Fisted Rangers (1939) **4**
Two Guys from Milwaukee (1946) **1**
Two Sisters from Boston (1946) **9**
Two Smart People (1946) **5**
Tycoon (1947) **6**

Unaccustomed As We Are (1929) **1**
Uncivilized (1936) **13**
Unconquered (1947) **4** and **9**
Under Arrest (see Blazing across the Pecos)
Under Capricorn (1949) **6**

Undercover {Men} (1935) **4**
Under Montana Skies (1930) **7**
Under My Skin (1950) **9**
Under the Pampas Moon (1935) **2**
Under the Red Robe (1937) **15**
Underwater (1955) **15**
Underworld (1927) **3**
Uneasy Terms (1948) **14**
Unforgotten Crime (see Affairs of Jimmy Valentine)
Unholy Hour (see Werewolf of London)
Unholy Three (1925) **15**
Unholy Three (1930) **15**
Uninvited (1943) **1**
Union Station (1950) **13**
Unseen (1945) **1**
Unsuspected (1947) **5**
Untamed West (see Far Horizons) **2**
Upperworld (1944) **11**
Up in the Air (1940) **10**
U.S.S. Teakettle (see You're in the Navy Now)
Utah Blaine (1957) **10**

Vacation from Marriage (1945) **11**
Vagabond King (1956) **16**
Valley of Decision (1945) **9**
Valley of the Giants (1938) **4**
Valley of the Kings (1954) **9**
Valley of Vengeance (1944) **10**
Vampire (1957) **1**
Vanishing Legion (1931) **2**
Vanishing Riders (1935) **4**
Variety Girl (1947) **9**
Varsity Girl (see Fair Co-Ed)
Vengeance of Fu Manchu (1967) **14**
Very Honorable Guy {Man} (1934) **1**
Vicious Circle (1957) **14**
Vigilantes Return (1947) **4** and **9**
Vigilante Terror (1953) **10**
Violent Playground (1958) **14**
the V.I.P.s (1963) **14**

Viva Las Vegas (1963) **16**
Viva Villa (1934) **3**
Voice in the Night (1934) **7**
Voice of Merrill (1952) **14**
Voice in the Wind (1943) **1**
Voyage to the Prehistoric Planet (1965) **8**

Wagon Master (1950) **4**
Wagon Wheels (1934) **4**
Wagon Wheels Westward (1945) **12**
Waikiki Wedding (1937) **7**
Wake of the Red Witch (1949) **2**
Walk in the Sun (1945) **6**
Wanderer of the Wasteland (1945) **10**
Wanderers of the West (1941) **10**
Wanted: Dead or Alive (1951) **10**
Ware Case (1939) **14**
War-Gods of the Deep (see City under the Sea)
Warning to Wantons (1949) **14**
Wasp Woman (1949) **8**
Watch on the Rhine (1943) **11**
Way Of All Flesh (1927) **7**
Way Out West (1937) **10**
Way to the Stars (1945) **11**
Way We Live (1947) **14**
Web of Evidence (see Beyond This Place)
Wee Willie Winkie (1937) **12**
Well-Groomed Bride (1946) **9**
We're in the Legion Now (1937) **2**
We're No Angels (1955) **11**
We're Not Married (1952) **9**
Werewolf of London (1935) **8**
Westbound Stage (1940) **10**
Westerner (1940) **11**
Western Union (1941) **10**
West of Abilene (1940) **4**
West of Cheyenne (1938) **10**
West of Dodge City (1947) **10**
West of Sonora (1948) **10**
West of Suez (1957) **14**

West of the Law (1942) **5**
West of Wyoming (1950) **4**
West of Zanzibar (1954) **9**
Westward Bound (1943) **4**
Westward Ho (1935) **4**
Westward the Women (1951) **9**
We Were Dancing (1942) **9**
We Were Strangers (1949) **9**
What a Blonde (1944) **11**
What Next, Corporal Hargrove (1945) **10**
Wheel of Fate (1953) **14**
When a Man's a Man (1935) **2**
When Boys Come Home (see Downhill)
When Ladies Meet (1941) **11**
When New York Sleeps (see Now I'll Tell)
When Strangers Marry (1944) **9**
When Tomorrow Comes (1939) **7**
Where Danger Lives (1950) **9**
Where Did You Get That Girl (1941) **16**
Where Do We Go From Here (1945) **16**
Where No Vultures Fly (1951) **14**
Where the Sidewalk Ends (1950) **9**
Where Trails End (1942) **4**
Wherever She Goes (1951) **12**
Which Is Witch (1949) **11**
While the City Sleeps (1956) **11**
Whirlpool (1959) **14**
Whirlwind Raiders (1948) **2**
Whispering Ghosts (1942) **5**
Whistling in Brooklyn (1943) **10**
Whistling in Dixie (1942) **10**
White Angel (1936) **7**
White Bride of the Jungle (see Amazon)
White Captive (see White Savage)
White Christmas (1954) **11** and **16**
White Cliffs of Dover (1944) **9**
White Cockatoo (1935) **2**
White Cradle Inn (1948) **9**
White Heat (1949) **9**
White Huntress (see Golden Ivory)

White Orchid (1954) **15**
White Savage (see South of Tahiti)
White Savage (1943) **9**
White Shadows in the South Seas (1928) **7**
White Tie and Tails (1946) **10**
White Tower (1950) **6**
White Unicorn (1948) **9**
White Wings (1923) **10**
Who Done It (1956) **14**
Whole Truth (1958) **9**
Who Was Maddox (1964) **10**
Wicked Lady (1946) **14**
Wide Open Town (1941) **10**
Widow from Chicago (1930) **2**
Wife versus Secretary (1937) **7**
Wild Beauty (1946) **2**
Wild Brian Kent (1936) **2**
Wild Dakotas (1956) **2**
Wilderness Mail (1935) **10**
Wild Horse Canyon (1938) **4**
Wild Horse Range (1940) **4**
Wild Horse Stampede (1943) **4**
Wild Irish Night (see Old Mother Riley's New Venture)
Wild Over You (1953) **11** and **16**
Wilson (1944) **11**
Windbag the Sailor (1937) **14**
Window (1949) **15**
Winds of the Wasteland (1936) **10**
Winged Victory (1944) **7**
Wings (1927) **3**
Wings and the Woman (see They Flew Alone)
Wings in the Dark (1935) **7**
Winterset (1936) **11**
Wistful Widow {of Wagon Gap} (1947) **10**
With Byrd at the South Pole (1930) **7**
Without Honor (1949) **10**
Without Reservations (1946) **5**
Wizard of Oz (1939) **3**
Wolf Man (1941) **8**
Woman Accused (see Without Honor)

Woman in Command (see Soldiers of the King)
Woman in White (1948) **8**
Woman of Affairs (1928) **12**
Woman of Distinction (1950) **8**
Woman for Joe (1955) **11**
Woman of the Year (1942) **6**
Woman Who Was Forgotten (1929) **11**
Women (1939) **11**
Women in Bondage (1943) **1**
Women in the Wind (1939) **8**
Wonderful World of the Brothers Grimm **16**
Wonder Man (1935) **11**
Words and Music (1948) **12**
World and His Wife (see State of the Union)
Wrong Arm of the Law (1963) **14**
Wrong Number (see Arkansas Swing)
Wuthering Heights (1939) **3**
Wyoming Mail (1950) **10**
Wyoming Outlaw (1939) **4** and **9**
Wyoming Round-Up (1952) **4** and **12**
Wyoming Whirlwind (1952) **10**

Yank at Eton (1942) **2**
Yank at Oxford (1938) **12**
Yankee Doodle Dandy (1942) **5**
Yank in Indo-China (1952) **2**
Yank in Korea (1951) **2**
Yank in the R.A.F. (1941) **9**
Yaqui Drums (1956) **2**
Yearling (1946) **11**
Years Without Days (see Castle on the Hudson)
Yellow Balloon (1953) **9**
Yellow Cab Man (1950) **5**
Yellow Cargo (1936) **2**
Yellow Fin (1951) **8**
Yellow Jack (1938) **8**
Yellow Sky (1948) **6**
Yes, Madam (1938) **8**
You and Me (1938) **7**
You Came Along (1945) **9**

You Can't Cheat an Honest Man (1939) **12**
You Can't Do That To Me (see Maisie Goes To Reno)
You Can't Get Away With Murder (1939) **12**
You Can't Have Everything (1937) **12**
You Can't Take It With You (1938) **3**
You Know What Sailors Are (1953) **14**
You'll Never Get Rich (1941) **9**
Young and Innocent (1938) **12**
Young Bill Hickok (1940) **15**
Young Dr Kildare (1938) **9**
Young in Heart (1938) **1**
Young Man of Music (see Young Man with a Horn)
Young Man with a Horn (1950) **2**
Young Mr Lincoln (1939) **7**
Young Mr Pitt (1942) **9**
Young Scarface (see Brighton Rock)
Young Stranger (1957) **10**
Young Widow (1946) **2**
Young Wives' Tale (1952) **10**
You're Darn Tootin' (1928) **1**
You're in the Army Now (1941) **9**
You're in the Navy Now (1951) **10**
You're Never Too Young (1955) **12**
You're Only Young Once (1937) **3**
You're Telling Me (1934) **7**
You're Telling Me (1942) **9**
Yours for the Asking (1936) **7**
You Were Meant For Me (1948) **7** and **16**
You Were Never Lovelier (1942) **9**
You Will Remember (1941) **7** and **16**
Yukon Manhunt (1951) **2**

Zart Haute in Schwarzer Seide (1961) **10**
Zaza (1939) **10**
Zero Hour (1957) **10**
Ziegfeld Follies (1946) **16**
Ziegfeld Girl (1941) **7** and **16**
Zombies on Broadway (1945) **2**
Zoo Baby (1957) **10**
Zorro's Fighting Legion (1939) **4**

Zorro the Avenger (1958) **10**
Zorro: The Bold Caballero (see Bold Caballero)

Monographs

Best Movies of All Time 1
Bogart versus Ladd 2 (see "Blue Dahlia")
Charles Starrett 4
Charles Vidor 8 (see "Arizonian")
Fred Zinnemann 15
Henry Hathaway 12
Otto Preminger 13
Raymond Chandler on Screen 2 (see "Brasher Doubloon")
Robert Siodmak 13
"Thin Man" series 1 (see "Song of the Thin Man")
Western Money-Making Stars 4
"Wolf Man" series 8
Zorro Movies 4 (see "Mark of Zorro"

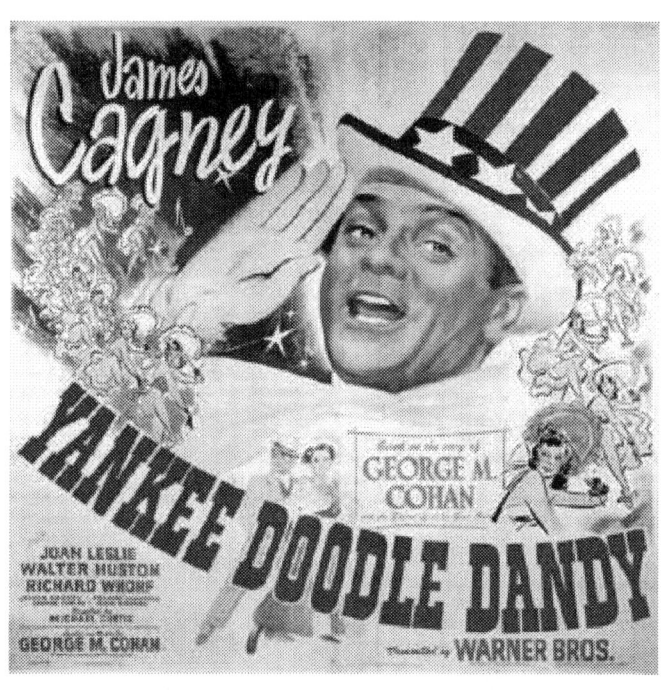

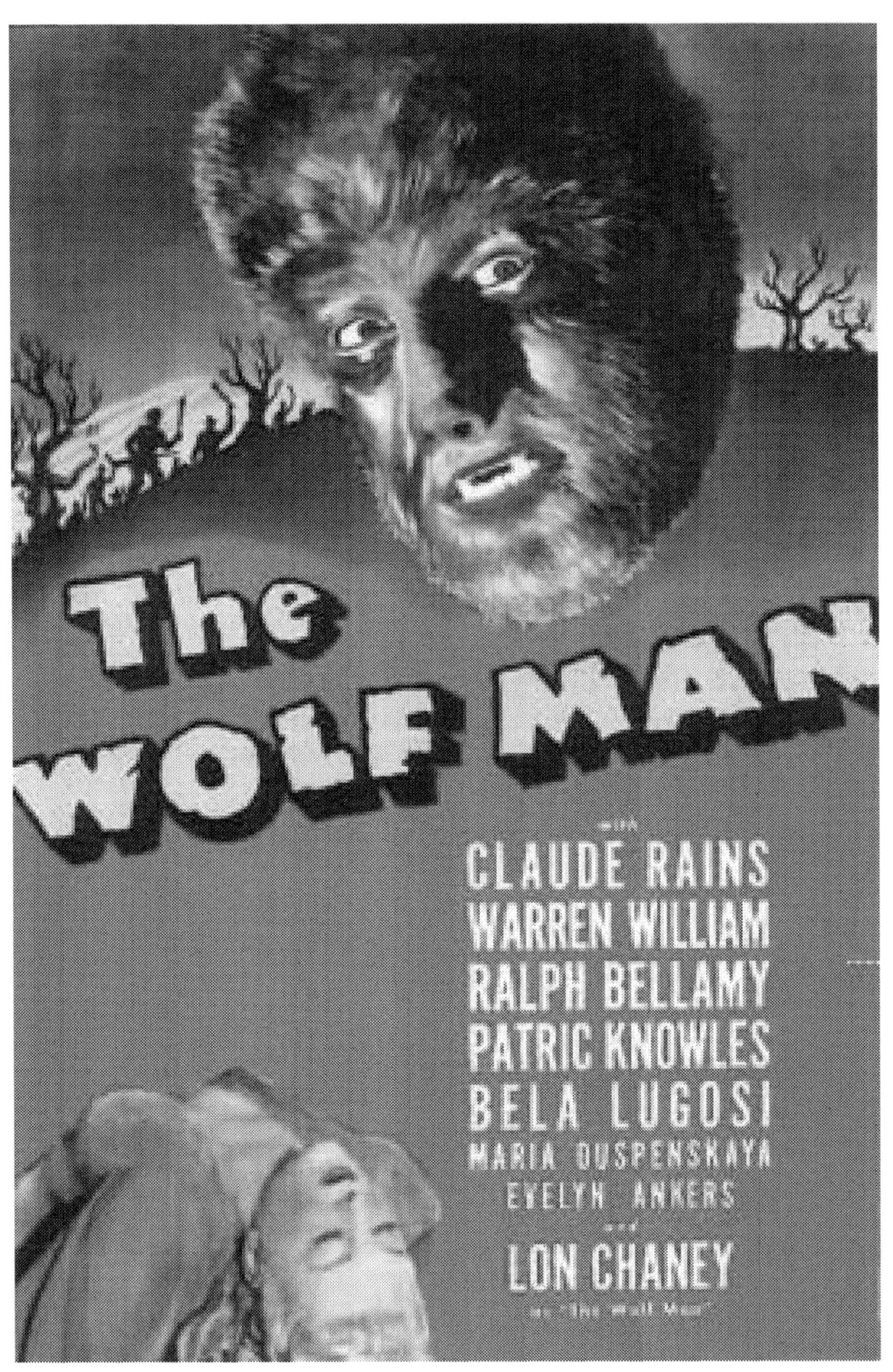

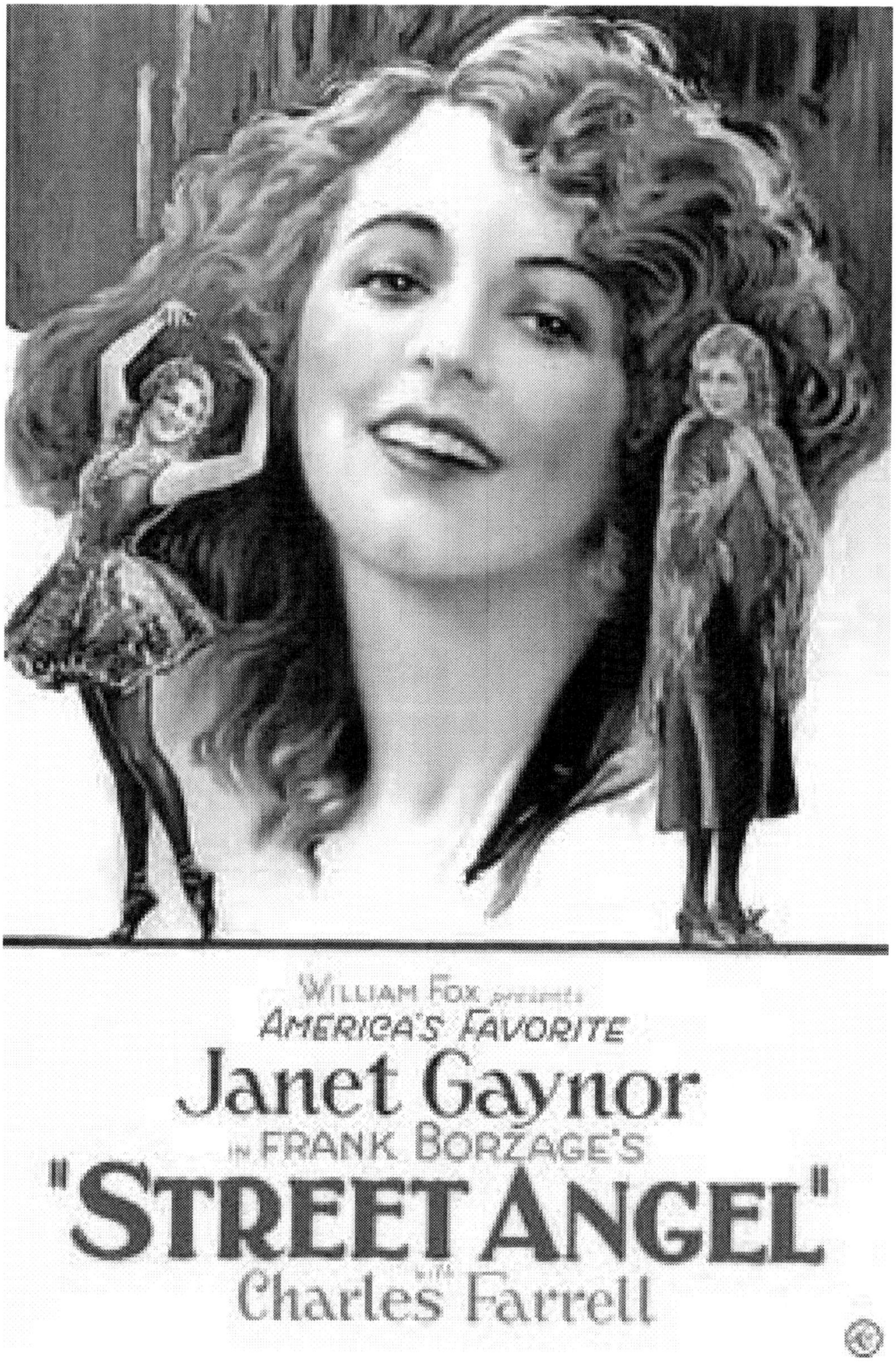
WILLIAM FOX presents
AMERICA'S FAVORITE
Janet Gaynor
in FRANK BORZAGE'S
"STREET ANGEL"
with
Charles Farrell

Printed by BoD"in Norderstedt, Germany